Am Rand von Berlin

Für Sibylle und die Jungen

Reiner A. W. Peters

Am Rand von Berlin

Ein Kaleidoskop

BERLIN STORY VERLAG

Impressum

Peters, Reiner A. W.:
Am Rand von Berlin. Ein Kaleidoskop
1. Auflage – Berlin: Berlin Story Verlag 2017
ISBN 978-3-95723-117-8

Leuschnerdamm 7, 10999 Berlin
Tel.: (030) 20 91 17 80
Fax: (030) 69 20 40 059
UStID: DE291153827
AG Berlin (Charlottenburg) HRB 152956 B
E-Mail: Service@BerlinStory-Verlag.de
www.BerlinStory-Verlag.de
Umschlag: Nadin Wildt, Norman Bösch
Satz: Norman Bösch
Printed by LASERLINE

WWW.BERLINSTORY-VERLAG.DE

Inhaltsverzeichnis

Vorwort

»Städte sind wie verschlüsselte Bilderbücher über vergangene und gegenwärtige Gesellschaftssysteme, man muss sie aufschlagen und die Symbolik zu entschlüsseln versuchen.«
Elisabeth Lichtenberger. Die Stadt: Von der Polis zur Metropolis. Darmstadt 2002

Als ich 2012 nach Berlin zurückkehrte, konnte ich mir den lange gehegten Wunsch erfüllen, endlich auch die Teile der Stadt und ihrer Umgebung zu erkunden, die mir in den 1950er- und 1960er-Jahren wegen der politischen Lage verschlossen geblieben waren. Ein paar schöne Sommermonate sollten dafür genügen. Jedoch zogen mich die Vielfalt der Objekte und Landschaften und die enorme historische Tiefe so in ihren Bann und machten neben zahlreichen Exkursionen so viele Bibliotheksbesuche und Literaturstudien erforderlich, dass die Zeit wie im Fluge verging und aus fünf Monaten fünf Jahre wurden. Entstanden ist schließlich ein Buch, das – ganz im Sinn des vorangestellten Mottos – versucht, die Freude des Lesers an der Entzifferung urbaner Phänomene zu wecken. Das Ziel wird mit einer Synthese von Fotografie und Schrift angestrebt, in der beide Komponenten gleiches Gewicht haben und sich ergänzen.

Von Beginn an empfand ich, dass der Rand Berlins eine enorme Anziehungskraft hat. Gleichzeit fiel mir auf, dass die allgemeine Hochschätzung des Zentrums und die entsprechende Abwertung des Rands eine breite, allgemeine Basis haben. Das drückt sich schon darin aus, dass allen Begriffen, die sich auf den Rand beziehen, wie »peripher«, »marginal«, »Randphänomen«, »Randbemerkung« etwas von Nebensächlichkeit anhaftet, während »Mitte« und »Zentrum« mit »bedeutend« und »herausragend« gleichgesetzt werden. Diese Sicht wird auch auf die Stadt übertragen. Zum Beispiel wird der Stadtrand in den einschlägigen stadtgeographischen Lehrbüchern nur sporadisch behandelt, und bei bestimmten Details der kommunalen Stadtrandplanung sucht man sogar vergebens nach irgendeinem Literaturverweis. Dabei ist die Geringschätzung des Stadtrandes offensichtlich unangebracht. Sie verkennt vor allem, dass der Stadtrand etwas absolut Fundamentales leistet, nämlich der Stadt durch Abgrenzung Gestalt, Individualität und Identität zu verleihen. Das wäre selbst dann so, wenn die Stadtgrenze an Bedeutung, Prägnanz und Schärfe immer mehr verlöre, so dass Stadt und Land zu einem, auch als »Zwischenstadt« bezeichneten Kontinuum[1] verschmelzen würden. Denn auf Abgrenzung ihres Territoriums durch eine unsichtbare, gleichwohl in allen praktischen Belangen entscheidende Grenzlinie hat noch keine Stadt verzichten können. Auch die weitverbreitete Meinung, wonach das Stadtzentrum schön und interessant, der Rand aber hässlich und langweilig seien, hält einer Prüfung, nicht stand – wie der Autor hofft zeigen zu können.

Richtig ist natürlich, dass sich Stadtzentrum und -rand unterscheiden. Das Zentrum ist meist dichter bebaut als der Rand und enthält neben einem mehr oder weniger regelmäßigen, von Wohn- und Geschäftsbauten gesäumten Straßennetz vor allem Elemente des allgemeinen Bedarfs wie Verwaltungsbauten, Banken, Bahnhöfe, Museen, Theater, Hochschulen, Krankenhäuser und Unterhaltungseinrichtungen. Der Stadtrand ist hingegen gewöhnlich lockerer bebaut und unregelmäßiger strukturiert und enthält neben Wohnbauten auch Anlagen, die entweder einen großen Platzbedarf haben oder aus ökologischen Gründen im Zentrum nicht gut gelitten sind. Dazu gehören zum Beispiel barocke

Schlösser mit weitläufigen Parkanlagen, locker angelegte Villenkolonien und moderne Großsiedlungen aber auch Flughäfen, Industrieanlagen, Kiesgruben, Müllkippen und Kläranlagen. Die Geschichte der europäischen Stadt zeigt[2,3] zudem sehr klar, dass die spezifische Zusammensetzung von Zentrum und Rand nicht in Perioden starken Wachstums, sondern vielmehr in stationären Phasen entsteht. Erst in ihnen können Differenzierungsprozesse stattfinden, die zur räumlichen Segregation der Stadtelemente führen. Gerät die Stadt hingegen in eine Periode intensiven Wachstums mit starker Bevölkerungs- und Wirtschaftszunahme, überspringen die erforderlich werdenden neuen Wohngebiete, Industrieareale und Versorgungseinrichtungen den alten Stadtrand und lassen ihn als Fossil im Stadtinneren zurück. Er wird im Lauf der Zeit um- und abgebaut und so ins Stadtinnere integriert. Bei wiederholten Wachstums- und Rezessionsperioden bilden sich auf diese Weise immer neue Schichten mit Altstadt-, Stadtrand- und Neubauanteilen, die den Jahresringen der Bäume oder den Schalen der Zwiebel vergleichbar sind. Der Stadtrand ist deshalb beständigen Transformationsprozessen ausgesetzt, die ihm eine besonders starke Dynamik verleihen und zu einer Zone »gesteigerten städtischen Lebens«[2] machen.

Dabei gibt es für den Begriff Stadtrand keine allgemeingültige Definition[4], auch wird nicht immer eindeutig zwischen Stadtrand, -grenze, -kante und -peripherie unterschieden. In diesem Buch wird der Stadtrand grundsätzlich als das Gebiet verstanden, in dem Stadt und Land ineinander übergehen. Da aber dieser Übergang ganz unterschiedlich scharf sein und die Übergangsschärfe auch in ein und derselben Stadt lokal in großem Ausmaß variieren kann, wird hier pragmatisch festgelegt, dass der Rand von Berlin ein etwa 10 Kilometer breiter, die geglättete Stadtgrenze symmetrisch überlagernder Streifen sei. Das impliziert, dass der Rand Berlins sehr groß ist, nämlich eine Länge von etwa 100 Kilometern und eine Fläche von 1.000 Quadratkilometern hat.

Vom Berliner Rand kann man aber nicht sprechen, ohne bis zur letzten Kaltzeit, die ja erst vor etwa 14 Tausend Jahren endete, zurückzublicken. In der Weichsel-Kaltzeit schoben sich wiederholt Gletscher von Skandinavien nach Norddeutschland vor und bedeckten dabei das Land mit geschlossenen, zeitweise mehrere hundert Meter dicken Eisschichten[5]. Entscheidend für die Landschaftsgestaltung in Brandenburg waren aber die drei letzten Stadien der Eisrandlagen, die entsprechend ihrer Lokalisation als Brandenburger, Frankfurter und Pommerscher Gürtel bezeichnet und auf 20, knapp 19 und gut 15 Tausend Jahre v. Chr. datiert werden. Man muss sich auch daran erinnern, dass das Land beim Vorschub und Abschmelzen großer Gletscher in regelhafter Weise zu Grundmoränen, Endmoränen, Sandern und Urstromtälern sowie verschiedenen kleinen Landschaftsformen wie Sölle, Rinnen, Kamen und Oser modelliert wird. Insgesamt wird die unter dem Eis liegende Landschaft zu einem flachwelligen Terrain geglättet und ihre Felsen zu Geschiebemergel zermahlen, während das vor dem Eis liegende Material zu Höhenzügen aus Gesteinsblöcken und Geschiebemergel, die mittelgebirgsartige Ausmaße erreichen können, aufgestaucht wird. Das Schmelzwasser hingegen wird in breiten, etwa parallel zum Eisrand verlaufenden Entwässerungskanälen, den Urstromtälern, abgeführt. Sie haben einen dicken, ebenen Sandboden, während ihre Breite stark variiert. In Brandenburg verlaufen die Urstromtäler in nordwestlicher Richtung, Schmelzwasser zur Nordsee, in späten Kaltzeitstadien auch zur Ostsee transportierend.

Berlin entstand, wie auf der beigefügten topographischen Karte (Seite 9) gezeigt, inmitten des Warschau-Berliner Urstromtals. Das Stadtgebiet vergrößerte sich aber in 800 Jahren von etwa 45 auf 90.000 Hektar und dehnte sich dabei im Südwesten auf die Hochflächen des Teltows, im Nordosten auf die des Barnims aus. Der Höhenunterschied zwischen dem Boden des Urstromtals und den Hochflächen von Teltow und Barnim beträgt zwar nur 30-50 Meter, aber der Landschaftscharakter ändert sich, wie schon erwähnt, grundlegend.

Die Expansion Berlins verlief weitgehend ungeplant und hinterließ ein unübersichtliches und uneinheitliches Gebilde[6]. Trotzdem lässt sich zeigen, dass die Stadt aus sektorenartigen, ringförmigen und polynukleären Elementen zusammengesetzt ist. Für die sektorenartige Ausdehnung Berlins in südwestlicher Richtung war schon die Orientierung des Kurfürstlichen Hofes maßgebend. Sie manifestierte sich in der Ausrichtung des ersten Schlossbaus und wurde durch die westlichen Vorstädte Tiergarten und Charlottenburg, die Villenkolonien an Schlachten-, Nikolas- und Wannsee und dutzende königlicher und kaiserlicher Schlösser im Potsdamer Raum verstärkt. Die Randwanderung der Industrie gegen Ende des 19. Jahrhunderts erzeugte hingegen sektorenartige Ausdehnungen in nordwestlicher und südöstlicher Richtung. Ringförmige Strukturelemente wurden zuerst von den zahlreichen Exerzierplätzen gebildet. Dann kamen ein Ring von Kopfbahnhöfen, ein Boulevardring, die Ringbahn, ein Ring von Rieselfeldern und schließlich der Berliner Autobahnring hinzu. Als polynukleäre Elemente sind vor allem die zahlreichen Städte und Landgemeinden zu nennen, die Berlin bis zur Bildung Groß-Berlins 1920 als selbstständige Verwaltungseinheiten umgaben.

Der Umriss des Berliner Stadtgebiets wird zuweilen als »Hundekopf« bezeichnet. Presst man die komplizierte Form trotzdem in ein Viereck mit den Eckpunkten Glienicke, Heiligensee, Buch und Erkner und unterscheidet einen westlichen, nördlichen, östlichen und südlichen Abschnitt des Rands, fällt eine doppelte Symmetrie auf: West- und Ostrand haben in ihren südlichen Teilen große Fluss- und Seenlandschaften, Nord- und Südrand verlaufen größtenteils auf Hochflächen, Barnim und Teltow. Davon abgesehen hat aber jeder Abschnitt des Randes einen durchaus eigenen Charakter:

- Der westliche Abschnitt des Berliner Rands wird ganz von der Havel beherrscht. Sie erstreckt sich – erst das Berliner Urstromtal, dann eine Bresche zwischen Teltower Hochfläche und Nauener Platte nutzend – etwa 30 Kilometer von Nord nach Süd und bildet auf diese Art einen natürlichen Stadtgraben.
- Der nördliche Abschnitt des Berliner Rands beginnt am Niederneuendorfer See, einer Erweiterung der Havel. Dann verläuft er etwa drei Kilometer nach Osten, um bei Frohnau vom Urstromtal zum Barnim aufzusteigen. Im weiteren Verlauf bleibt er zwar auf dem Barnim, durchquert aber zunächst das Tegeler Fließ, um dann wieder an Höhe zu gewinnen und im Bucher Forst bei Hobrechtsfelde zu enden.
- Der östliche Abschnitt des Berliner Rands hat einen langen, abwechslungsreichen Verlauf, der vom nördlichsten bis zum südlichsten Punkt Berlins reicht. Bei Hobrechtsfelde befindet er sich noch auf dem westlichen Barnim, überschreitet aber bei Buch die Panke und wechselt damit auf den mittleren Barnim. 20 Kilometer weiter südlich trifft er in Mahlsdorf auf das Urstromtal und folgt dessen Rand bis Woltersdorf. Nach einer scharfen Wendung in westlicher Richtung begleitet er die Kette aus Dämmeritz-, Seddin- und Crossinsee bis zum Teltow.
- Der südliche Abschnitt des Berliner Rands erstreckt sich von der Dahme-Niederung im Südosten bis zur Havel im Südwesten und quert dabei auf 30 Kilometern den Teltow, eine relativ gleichförmige Grundmoränenlandschaft mit sandigen Lehmböden.

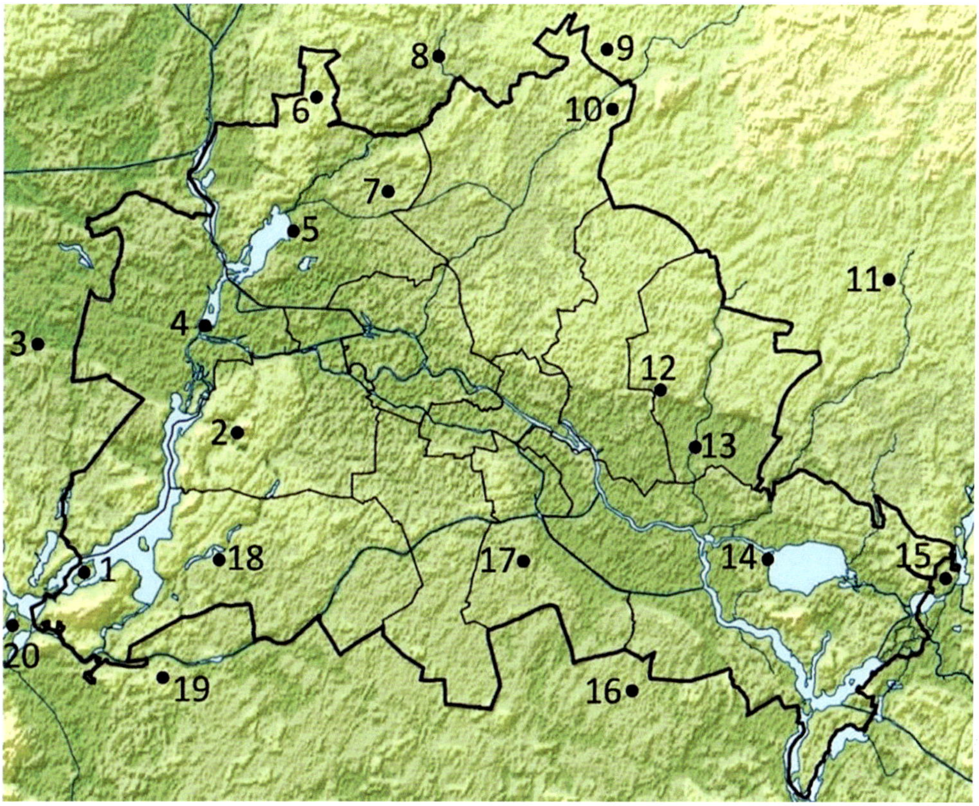

Die Topografie der Berliner Region zeigt, wie weit sich die Stadt vom Urstromtal aus nach Nordost auf den Barnim und nach Südwest auf den Teltow ausgedehnt hat. Außerdem sind die Positionen der Objekte zu erkennen, die im Kaleidoskop beschrieben werden (Nummerierung wie im Kapitel Kaleidoskop der Berliner Randobjekte*). Blau: Seen und Flüsse, grün: Urstromtal und Niederungen, gelb: Hochflächen.*

Wie mit dem bisher Gesagten angedeutet, meine ich, dass der Berliner Stadtrand dem Zentrum nicht nur ebenbürtig, sondern in praktisch jeder Hinsicht – historische Tiefe, politische Bedeutung, soziale Entwicklung, Architektur, Städtebau, Kunst, Landschaft, Umwelt – qualitativ und quantitativ überlegen ist. Ich glaube sogar, dass der Stadtrand als die eigentliche, wahre Stadtkrone, um die so lange und heftig gerungen wurde, bezeichnet werden sollte. Um diese These anschaulich zu machen, wird im Folgenden ein Kaleidoskop des Berliner Rands präsentiert. Es ist aus etwa 20 großen und einer Vielzahl kleiner Randobjekte zusammengesetzt. Die geografischen Positionen der Objekte können der topografischen Karte entnommen werden.

Alle Teile des nun folgenden Kaleidoskops bestehen aus drei Teilen: einem einführenden, kursiv gesetzten Absatz, dem eigentlichen Text und den Abbildungen mit Unterschiften. Es wird vorgeschlagen, die Lektüre mit dem einführenden Absatz zu beginnen, anschließend die Abbildungen und Unterschriften anzusehen, um auf dieser Basis zum eigentlichen Text fortzuschreiten.

Kaleidoskop der Berliner Randobjekte

1 Glienicke: Ein preußisches Elysium

Im äußersten Südwesten des Berliner Stadtgebiets – an der Stelle, an der sich Berlin und Potsdam am nächsten kommen und durch die Glienicker Brücke direkt miteinander verbunden sind – befindet sich ein gut einhundert Hektar umfassendes Areal, »Klein-Glienicke« genannt, das trotz seines diminutiven Namens zu den kulturellen Sehenswürdigkeiten der obersten Kategorie gehört. Klein-Glienicke spielt im Kontext dieses Buches eine wichtige Rolle, weil es mit seinen Originalschauplätzen lebhafte Einblicke in eine historische Periode gibt, die Berlin vielleicht am nachhaltigsten geprägt hat, das 19. Jahrhundert. Dabei wiederlegt es auch die weitverbreitete Ansicht, dass das Stadtzentrum der primäre und wichtigste Kulturträger sei, der Stadtrand hingegen vorwiegend der Abfallbeseitigung und ähnlich anrüchigen Zwecken diene. Zudem offenbart sich in Klein-Glienicke ein Dilemma, in dem sich der Stadtrand im Allgemeinen befindet: Das auf seinem Gebiet befindliche Kulturgut möchte er auf keinen Fall aus der Hand geben, hat aber häufig nicht die Mittel, es in angemessener Form zu pflegen. Das tritt in Glienicke scharf hervor, weil die Obhut für das anspruchsvolle und prekäre Areal des Glienicker Parks zwischen zwei Institutionen ganz unterschiedlicher Art – der staatlichen Stiftung »Preußische Schlösser und Gärten Berlin und Brandenburg« und dem Gartenamt Zehlendorf – geteilt ist und so zu direktem Vergleich herausfordert.

Im Landbuch Kaiser Karls IV. von 1375 wird erstmals ein Dorf namens Klein-Glienicke erwähnt[7-9]. Es lag an der Landenge zwischen Griebnitzsee und Glienicker Lake, verödete aber im Dreißigjährigen Krieg. Kurfürst Friedrich Wilhelm, der Große Kurfürst, sorgte 1682 für die Wiederbelebung des Dorfs, als er in unmittelbarer Nähe der Dorfreste ein Jagdschloss errichten ließ. Dies wurde 1715 von König Friedrich Wilhelm I. – alles militärischen Aspekten unterordnend – zu einem Lazarett umgebaut. Ein Oberaufseher des La-

Vom Jungfernsee durch eine Uferpromenade abgeschnitten und von Wald überwuchert bleiben Schloss und Park Glienicke, jedenfalls von der Ferne aus, weitgehend unsichtbar und flehen um Reaktivierung der zahlreichen Lennéschen Sichtachsen.

Das Greifentor bildet heute den Haupteingang des Schlossparks Glienicke. Früher diente es als Privatzugang, während Besucher das Gelände durch das Mitteltor am Großen Wiesengrund betraten.

zarettes, Dr. Johann Jakob Mirow, war es schließlich, der Schloss und Park Glienicke initiierte.

Mirow kaufte das nördlich des Lazaretts gelegene Gelände, ließ es zu einem Landgut ausbauen und mit einem stattlichen Gutshaus, das im Volksmund bereits als »Schloss« galt, versehen. Nach mehreren Zwischenbesitzern gingen Gut und Schloss 1814 in die Hände Karl August von Hardenbergs über. Er ließ das Schloss von Karl Friedrich Schinkel umbauen und beauftragte zudem einen Bonner Gärtnergesellen namens Peter Joseph Lenné damit, westlich des Schlosses einen »Pleasureground« zu schaffen. Nach dem Tode Hardenbergs ging das Gut 1824 an Prinz Carl von Preußen (1801–1883) über, der sein Leben fortan damit verbrachte, Schloss und Park zu einem »Gesamtkunstwerk« auszugestalten. Prinz Carl galt den Zeitgenossen durchaus als begnadeter Künstler, konnte sich aber auf eine ganze Schar hervorragender Architekten, Gartenkünstler und Bildhauer stützen, denen außer Schinkel und Lenné auch Hermann von Pückler-Muskau, Ludwig Persius, Ferdinand von Achim und Alexander Gilli angehörten. Mit dem Tod Prinz Carls im Jahr 1883 war die künstlerische Entwicklung des Parks abgeschlossen. Es folgte eine lange Periode von Desinteresse, Vernachlässigung, Verfall, Verkauf, Zerstörung und Missbrauch. In nationalsozialistischer Zeit wurde die Anlage zudem durch den Ausbau der Potsdamer Chaussee zerschnitten. Ab 1950 ging es jedoch wieder langsam aufwärts, bis im Dezember 1990 sogar ein spektakulärer Sprung eintrat: das Ensemble wurde, nur wenige Wochen nach dem formalen Vollzug der Wiedervereinigung, als Teil der »Schlösser und Parks von Potsdam und Berlin« von der UNESCO zum Weltkulturerbe erhoben. Der Antrag hierfür war freilich schon 1988 von der DDR für die Potsdamer und Babelsberger Teile gestellt und 1990 lediglich von der BRD übernommen und um West-Berliner Teile ergänzt worden.

Das Schloss, ein Hauptwerk Schinkels, entstand ab 1814 durch Umbau eines Gutshauses in eine italienische Landvilla. Das Bild zeigt seine Südfassade im Spiegel des Löwenbrunnens.

Aus dieser Geschichte geht schon hervor, dass der Glienicker Park nur ein Teil einer weitläufigen, aus Parks, Schlössern, Kirchen, Pavillons, Türmen und vielen kleineren Bauten bestehenden Kulturlandschaft ist, die im 17., 18. und 19. Jahrhundert im südwestlichen, nach Potsdam ausgreifenden Teil des Berliner Rands entstand. Die Kreation eines »havelländischen Arkadiens« entsprang der hohen Wertschätzung, die Brandenburgische und Preußische Landesherren, allen voran Friedrich II., der klassischen Antike und ihrer Wiederbelebung in der Renaissance entgegenbrachten. Im 19. Jahrhundert kam die Landschaftskunst nach englischem Vorbild hinzu. Zu dem Ensemble gehören insbesondere Potsdamer Einrichtungen wie Schloss und Park Sanssouci und der Neue Garten mit Marmorpalast und Schloss Cäcilienhof. Es zählen aber auch Schlösser und Parks außerhalb Potsdams wie die von Babelsberg, Glienicke, Pfaueninsel und selbst Charlottenburg dazu. Unter all diesen wird Glienicke in Hinsicht auf Vielfalt und künstlerische Bedeutung nur von Sanssouci übertroffen.

Die Gliederung und Gestaltung des Glienicker Parks folgte im Wesentlichen den Prinzipien, die in England zu Ende des 18. Jahrhunderts für Landschaftsparks entwickelt worden waren. Ziel war, idealtypische Landschaften zu konstruieren, die bis ins Kleinste durchgestaltet waren aber trotzdem völlig natürlich wirkten. Solche Parkanlagen dienten keineswegs nur der Unterhaltung und Erholung. Ihre Errichtung, Gestaltung und Pflege war vielmehr eine Demonstration absolutistischer Prinzipien. Auch schwang darin der moderne Gedanke mit, dass »Mutter Natur« nicht nur nachgeahmt, sondern entscheidend verbessert und übertroffen werden könne.

Seit der letzten Erweiterung im Jahr 1862 besteht der Glienicker Park aus neun Teilen, deren jeder einen eigenen, spezifischen Charakter hat. Das gestalterische Zentrum der Anlage ist der »Pleasure-

Der Innenhof des Schlosses Glienicke ist als Hausgarten mit kunstvoller Pergola ausgestaltet.

ground«. Er liegt in der südwestlichen Ecke an Jungfernsee und Glienicker Brücke[7] und umfasst neben einem von Lenné gestalteten Park das von Schinkel zu einem italienischen Landgut umgestaltete Schloss und zahlreiche Nebengebäude wie Remise, Orangerie, Klosterhof, Casino, Hofgärtner- und Maschinenhaus, Pförtnerhaus und Wirtschaftshof. Hinzu kommen kleinere Bauten wie Stibaldium, Neugierde, Rotunde (große Neugierde) und eine Vielzahl von Standbildern, Reliefs und Brunnen. Charakteristisches Merkmal des Schlosses ist ein U-förmiger Grundriss, bei dem das Hauptgebäude einen, mit einer prachtvollen Pergola ausgestatteten Gartenhof umschließt. Gartenhof wie Schloss und Pleasureground sind durch Integration zahlreicher Originalfragmente aus der Antikensammlung des Prinzen Carl »personalisiert«. Insgesamt ist der Pleasureground aber auf die Beschwörung eines »italienischen Flairs« ausgerichtet.

Dem Pleasureground schließt sich in nordöstlicher Richtung die Partie des großen Wiesengrunds an. Das riesige, leicht gewellte Areal ist in lennéscher Manier mit ineinander übergehenden Wiesenflächen und schönen Baumgruppen ausgestattet. Regelrechte Wege gibt es nicht, denn die Flächen stellen Weideland dar, das ursprünglich von Rinder- und Schafherden bevölkert war. Auch heute noch macht der Wiesengrund einen wundersam harmonischen, »Arkadien« heraufbeschwörenden Eindruck. Bedauernswerterweise jedoch – Lenné mag sich im Grabe umdrehen – ist der eigentliche Clou verloren gegangen: Vom Schloss aus sah man über einen reich gegliederten Schlossteich hinweg auf das Treiben der Herden im Wiesengrund. Die Sichtachse aber ist zugewachsen und der Schlossteich trockengefallen.

Ganz andere Impressionen vermittelt der Teil des Parks, der sich dem Pleasureground nach Norden hin anschließt und als Partie des Uferhöhenwegs bezeichnet wird.

Der Pleasureground, ein vom jungen Lenné mit Hilfe von Wasserspielen, plastischen Kunstwerken, figuralen Beeten und exquisiter Bepflanzung geschaffenes Traumbild einer italienischen Landschaft.

Das Casino, 1824 von Karl Friedrich Schinkel errichtet, sucht unter anderem durch lange Pergolen Assoziationen an den Golf von Neapel wecken.

An dieser Stelle hat der Jungfernsee eine etwa 30 Meter hohe, schroff abfallende, mehrere tiefe Erosionsrillen tragende Böschung. Die schwärmerische »Schweizermode«, von der Deutschland in der ersten Hälfte des 19. Jahrhunderts ergriffen wurde, wird es wohl gewesen sein, die Prinz Carl bewog, die Erosionsrinnen zu »Gebirgsbächen« zu stilisieren und von Brücken überspannen zu lassen. Eine dieser Brücken wurde als Teufelsbrücke bezeichnet und – darin anderen »Teufelsbrücken« wie der über die Reuss in Andermatt folgend – als haarsträubend filigrane Holzkonstruktion ausgeführt. Zudem konnte der »Gebirgsbach«, den sie überspannte, durch Öffnen eines höhergelegenen Reservoirs auf Kommando, wenn auch nur für kurze Zeit, in einen erschreckend wilden Wasserfall verwandelt werden. Die ursprüngliche Teufelsbrücke wurde 1935 durch eine Ziegelkonstruktion ersetzt, was ihrem Reiz sehr abträglich war. 2009 unterspülten heftige Regenfälle die neue Brücke und verwandelten sie in eine echte Ruine. Sie darf seitdem nicht mehr betreten werden, wird aber derzeit (Mai 2017) wiederhergestellt.

Um den Kern des Glienicker Parks, der von Pleasureground, Wiesengrund und Ufer-Höhenweg gebildeten wird, gruppieren sich die Partien des Jägershofs, der Karpaten, der Waldtäler, des Böttcherbergs, der Schweizer-Häuser und des Jagdschlosses.

Der Jungfernsee bildet die eigentliche Grundlage des von Schloss und Pleasureground angestrebten »italienischen Flairs«.

Der Große Wiesengrund, von Lenné nach englischen Vorstellungen mit »Clumps« (Baumgruppen), »Shrubberies« (Strauchgruppen) »Browsing Lines« (Äsungslinien) versehen, stellt das bukolische Zentrum des Glienicker Parks dar und war einst wirklich von Rinder- und Schafherden bevölkert.

Auch diese Teile des Parks, die zusammen mehr als zwei Drittel der gesamten Parkfläche einnehmen, wurden im 19. Jahrhundert bis ins Detail individuell gestaltet. Ein besonders schönes Beispiel hierfür ist die Loggia Alexandra im Böttcherbergpark.

Die Loggia Alexandra wurde 1869/70 nach Plänen von Hofbildhauer Alexander Gilli als Gedenkstätte für eine Schwester des Prinzen Carl, die Zarin Alexandra Feodorowna, auf dem Gipfel des Böttcherbergs erbaut.

Der Zugang zur Loggia Alexandra – ursprünglich offenstehend, jetzt mit dicken Glasflächen versehen – ermöglicht einen Einblick ins Innere und spiegelt gleichzeitig den Blick auf den Schlosspark Babelsbergs ein.

Teufelsberg: Denkmal des Zweiten Weltkriegs

2

Der Teufelsberg ist ein etwa 120 Meter hoher Berg im nördlichen Teil des Grunewalds. Auf den ersten Blick scheint er sich völlig natürlich in die Landschaft einzupassen. Jedoch hat es mit ihm eine besondere Bewandtnis. Wenn man seinen Gipfel erklimmt, befindet man sich nicht nur auf einer der höchsten Erhebungen des Berliner Raums und kann fast die gesamte Stadt und den südwestlichen Teil ihres Rands überblicken, man steht auch auf den Trümmern von etwa 15.000, bei den Flächenbombardements des Zweiten Weltkriegs zerstörten Häusern. Die Trümmer wurden zudem über dem Rohbau der »Wehrtechnischen Fakultät«, einem wichtigen Teil der von den Nationalsozialisten geplanten »Welthauptstadt Germania«, aufgeschüttet. Damit nicht genug prangt auf dem Gipfel bis heute die leere Hülle einer amerikanischen Spionagestation. Die Triade aus nationalsozialistischen Bauten, Kriegstrümmern und Einrichtungen des Kalten Kriegs macht den Teufelsberg zum vielleicht eindrucksvollsten, jedenfalls größten, doch in keiner Denkmalliste aufgeführten Monument des Zweiten Weltkriegs. Hinzu kommt, dass der Teufelsberg von einem dichten Netz geschichtsträchtiger Bauten und Anlagen umgeben ist, unter denen die Siedlung Eichkamp von 1921, das Olympiagelände von 1936 und das Corbusierhaus von 1955 hervortreten.

Der Teufelsberg passt sich unauffällig in den Grunewald ein. Aus der Nähe bemerkt man aber, dass er aus Bauschutt besteht, vielerorts wird die dünne Krume von Mauer-, Porzellan- und Metallresten durchbohrt. Auf dem Gipfel erheben sich Kuppeltürme der amerikanischen Art. Ihre Bespannung mit radarstrahlen-durchlässiger Teflonfolie hängt in Fetzen und macht Stahlskelette sichtbar.

Die ehemalige amerikanische Spionage-Station auf dem Gipfel des Teufelsbergs offenbart sich aus der Nähe als Agglomerat primitiver Zweckbauten aber auch Hochburg der Straßenkunstszene.

Aufgeschüttet wurde der Teufelsberg von 1950 bis 1972[10]. Es folgte eine Phase der Rekultivierung, in deren Verlauf sich auf dem kargen Boden eine reizvolle Vegetation entwickeln konnte, die heute von Silberregen über Sandbirke, Eberesche und Spitzahorn bis zu Hagebutte und Holunder reicht. Bei der Fauna sind die zahlreichen Wildschweine hervorzuheben, die sich aber in letzter Zeit auffällig bedeckt halten. Haben sie vielleicht von der heftigen öffentlichen Polemik und dem Jagdeifer der Senatsverwaltung (für die die Vergabe von Jagdlizenzen ein gute Einnahmequelle ist) Wind bekommen? Der Teufelsberg trug zeitweilig spektakuläre Wintersporteinrichtungen, darunter Skilift und Sprungschanze. Heute sind neben Spaziergängern besonders Modellflugzeug-Enthusiasten, Gleitflieger und Kletterer anzutreffen.

Das Tabernakel der ehemaligen Spionagestation – die Kugel auf dem höchsten Turm – hat nur einen winzigen Zugang und ein kleines Luftloch.

Der baumlose Nebengipfel des Teufelsbergs ist ein Eldorado der Gleitschirmflieger, die sich, in der Nachfolge des Berliner Flugpioniers Otto Lilienthal am seidenen Faden vom Steilhang stürzen.

Die US-Spionagestation wurde 1955 eingerichtet und in den folgenden Jahren von der National Security Agency (NSA) immer weiter ausgebaut, so dass im Lauf der Zeit ein Agglomerat von Hallen und Kuppeltürmen entstand. 1991 wurde die Anlage von den Amerikanern verlassen, die ausgeräumten Gebäude stehen seitdem leer. Die Stadt Berlin verkaufte das 4,8 Hektar große Gelände 1996 für 5,2 Millionen Mark an westdeutsche Architekten, blockierte dann aber alle Bebauungspläne[11]. Weder ein Hotel mit Tagungszentrum, noch ein Spionagemuseum noch Luxusappartements fanden Zustimmung. Auch die »Universität unbesiegbares Deutschland«, die der amerikanische Regisseur David Lynch zusammen mit der Maharishi-Weltfriedensstiftung zur Förderung transzendentaler Techniken errichten wollte, wurde abgeschmettert. Die privaten Investoren lassen jedoch nicht locker und träumen jetzt von Street-Art-Galerien, Hochseil-Parcours und Freikletteranlagen. Vorläufig jedoch stehen die leeren Bauten weiterhin an exponierter Stelle, graffitigeschmückt, die längst zerfetzte Bespannung der Kuppeltürme schussartig im Wind knatternd.

Etwas östlich des Teufelsbergs liegt Eichkamp, eine der frühesten Wohnsiedlung der Weimarer Republik[12]. Sie entstand bereits ab 1921 nach Plänen von Max Taut. Trotz des prominenten Gründers kann man architektonische Sehenswürdigkeiten, wie sie in manch anderer Siedlung der 1920er- und 1930er-Jahre zu finden sind, hier nicht erwarten. Das Straßennetz hat ein einfaches, rechtwinkliges Muster, die Häuser sind meist traditionell gestaltet. Interessant ist aber, wie die Siedlung von der Metropole geprägt wurde. Die Urzelle der Siedlung umfasste ein kleines Areal, das von Lärchenweg, Eichkampstraße, Maikäferpfad und Eichkatzweg begrenzt ist. Hier sind die Straßen extrem schmal, die Siedlungshäuser einstöckig und mit Hühnerstall und Nutzgarten versehen. Als sich die Siedlung nach Westen ausdehnte, kam sie mit den dort bestehenden Ateliers der »Tobis-Tonfilm-AG« in Berührung

Westlich des Teufelsbergs befindet sich die Siedlung Eichkamp, eine der ersten, in der Weimarer Republik errichteten Wohnsiedlungen. Ihre Urzelle erinnert mit eingeschossigen Katen an einen Fischerkiez.

und wurde entsprechend »mondän«, was zweistöckige Häuser meinte. Gleichzeitig entstanden aber auch ein vermeintlich von Sozialisten und Kommunisten bewohntes „Klein-Wedding" an der Waldschulallee und eine »Rote Kolonie« im Zikadenweg mit vereinzelten, an Neues Bauen erinnernden, kubischen Hausformen. Obwohl

Die Siedlung Eichkamp enthält vereinzelt Häuser, die mit kubischen Formen und Flachdächern » Neues Bauen« vorwegnehmen.

die Siedlung ursprünglich von verschiedenen Genossenschaften für Arbeiter und Angestellte errichtet wurde, war die Bewohnerschaft heterogen. Über die ganze Siedlung verstreut wohnten zudem aus dem Rahmen fallende Persönlichkeiten: der Schriftsteller Arnold Zweig, der Architekt Max Taut, der Philosoph Ludwig Marcuse und die Schriftstellerin Elisabeth Langgässer, aber auch die Politikerin Marie-Elisabeth Lüders und die bona fide-Erfinderin der Berliner Currywurst Herta Heuwer. Ein besonderer Vorteil der Siedlung Eichkamp aber war immer die Lage am Grunewald bei gleichzeitiger Nähe zum Stadtzentrum. Diesen Vorzug hat sie sich dank des Dauerwaldvertrags von 1915, der den Grunewald weitgehend vor Bodenspekulation bewahrt, erhalten können.

Vom Teufelsberg nach Westen blickend, fallen zwei große Bauwerke auf, Olympiastadion und Corbusierhaus. Das Olympia-

Westlich des Teufelsbergs befindet sich das nach Plänen von Werner March und Heinrich Wiepking-Jürgensmann für die Olympischen Spiele 1936 erbaut Olympiastadion.

gelände wurde zwischen 1934 und 1936 von dem Architekten Werner March und dem Gartenarchitekten Heinrich Wiepking-Jürgensmann für die Olympischen Spiele 1936 erbaut[15]. Es ist eine befremdliche Mischung aus imperialen und fortschrittlichen Elementen. Einerseits orientiert es sich an antiken griechischen Vorbildern und enthält neben dem eigentlichen Stadion ein »Forum« (Maifeld), ein »Templon« (Langenmarckhalle mit 64 Meter hohem Glockenturm), ein »Theatron« (Waldbühne) und ein »Gymnasion« (Reichsakademie). Das Stadion selbst wirkt hingegen schnörkellos modern. Dazu trägt allerdings auch die erst 2000–2004 hinzugefügte, filigrane Tribü-

Das Olympiastadion wurde 2004 mit einer Überdachung versehen, die dem Inneren des Stadions eine moderne Atmosphäre verleiht und die spektakuläre Sichtachse auf den 64 Meter hohen Glockenturm der Langenmarckhalle akzentuiert.

Das Olympiagelände ist noch immer mit Skulpturen aus nationalsozialistischer Zeit bevölkert. Zu ihnen gehört auch die sechs Meter hohe Plastik »Staffelläufer und Diskuswerfer« von Karl Albiker.

Unmittelbar neben dem Olympiastadion befindet sich das 1955 errichtete Corbusierhaus, ein riesiger Quader, der, einem Containerdorf ähnlich, aus identischen Wohneinheiten aufgebaut ist.

nenüberdachung aus Stahl, Glas und transparenten Membranen entscheidend bei.

Das Corbusierhaus wurde von einem der einflussreichsten Architekten des 20. Jahrhunderts, Charles-Édouard Jeanneret-Gris genannt Le Corbusier (1887–1965), erbaut. In dem kleinen Schweizer Ort La Chaux-de-Fonds als Sohn eines Emaillierers geboren entwickelte er schon in jungen Jahren einen starken Hang zu Malerei und Architektur. 1917 gründete er ein Architekturbüro in Paris und fasste 1920 seine Vorstellungen von der Zukunft der Architektur in einer grundlegenden Schrift, den »Fünf Punkten«, zusammen. In ihr wird die konsequente Verwendung neuer Materialien wie Stahlbeton und die Anwendung neuer industrieller Methoden für die Massenproduktion in Architektur und Städtebau propagiert und außerdem die radikale Trennung von tragenden und raumabschließenden Elementen, die Nutzung von Flachdächern als Gartenflächen, die freie Grundrissgestaltung, die Verwendung langer oder breiter Fenster und die freie Fassadengestaltung vorausgesagt. Dabei maß Le Corbusier der Farbgebung gleiche Bedeutung wie der Form bei und entwickelte eine an der Natur orientierte Farbpalette. Bei aller Rationalität hatte Le

Die Farbgestaltung der Fassade erweckt Assoziationen an einen Geheimcode.

Corbusier auch mystische Neigungen. 1907 hatte er beim Besuch einer Kartause in der Toskana eine Offenbarung, die ihm zeigte, wie »Wohneinheiten angemessener Größe, die den Gegensatz Individuum-Gemeinschaft funktionell in eins setzen« beschaffen seien sollten[14]. Mit dem »Modulor« fasste er außerdem die Größenverhältnisse des menschlichen Körpers in ein mathematisches System, das die Grundlage aller Architektur bilden sollte.

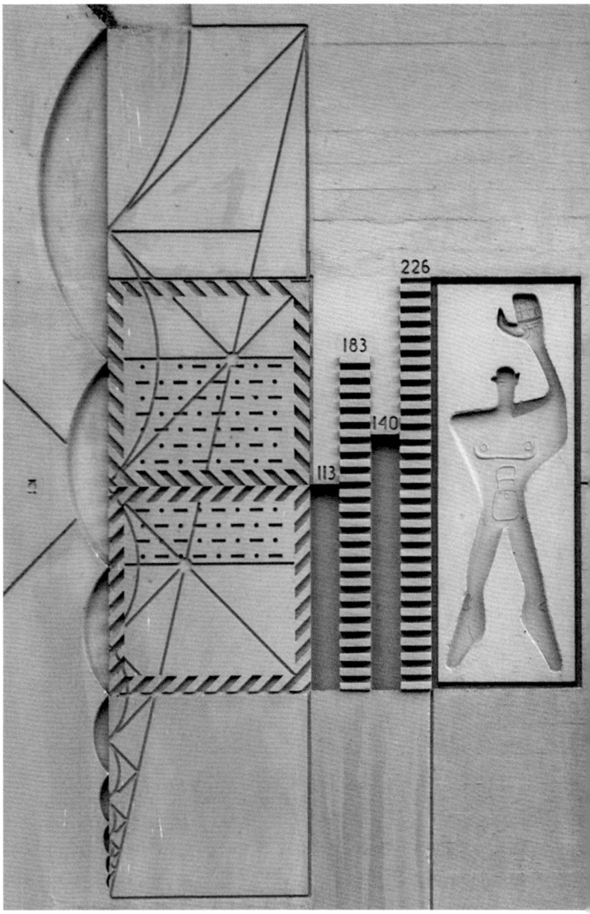

Mit der Modulor-Theorie – hier ihre in Beton gegossene Illustration auf der Fassade des Berliner Corbusierhauses – leitete Corbusier die Abmessungen seiner Bauten aus den Proportionen des menschlichen – genauer männlichen – Körpers her.

Die »Unité d'Habitation, type Berlin«, kurz Corbusierhaus genannt, wurde im Rahmen der Internationalen Bauausstellung von 1957 errichtet. Das Projekt fand wegen seiner besonderen Größe keinen Platz im Hansaviertel, sondern wurde als Solitär am westlichen Rand Berlins in unmittelbarer Nachbarschaft des Olympiastadions errichtet. Das Gebäude hat die Form eines großen Quaders von 141 Metern Länge, 23 Metern Breite und 53 Metern Höhe, der auf V-förmigen Stelzen steht. Es enthält 530 Wohnungen, wobei der Hauptanteil auf 1-, 2-und 3-Zimmerwohnungen fällt. Alle Wohnungen sind modular aus genormten, etwa 4 Meter breiten und 6-8 Meter langen Räumen zusammengesetzt. Die meisten Wohnungen haben zwei Balkons, die nach der Vorder- und Rückfront gerichtet sind. Es sind diese Balkons und ihre besondere Farbgebung, die den Außeneindruck des Gebäudes bestimmen. Im Inneren dominieren die großen, über die ganze Breite des Gebäudes gehenden und als »Straßen« bezeichneten, extrem einfach gestalteten Korridore. Der Bau in Berlin sollte, wie seine Vorgänger in Marseille und Nantes, vorwiegend Wohnraum für kinderreiche Familien bieten. Aber Auflagen des Berliner Senats funktionierten den Bau ungewollt zu einem Domizil für kinderlose Paare um und unterliefen den Entwurf auch in anderer Hinsicht, zum Beispiel durch Weglassen einer Geschäftsstraße, die die ganze Länge des siebenten Stocks hätte einnehmen sollen. Obwohl die Eingriffe den Charakter der Anlage grundlegend veränderten, sind die Wohnungen heute sehr gefragt. Sie haben nämlich eine, durch keine Auflagen zerstörbare Attraktion, die großartige Rundsicht auf Berlin und das Havelland. Die vom Architekten intendierte, immer noch grundsätzlich vorhandene nüchtern-karge, kartausen-ähnliche Atmosphäre wird dabei in Kauf genommen – oder mit leichter Hand dem Bedürfnis nach Gemütlichkeit angepasst.

Olympiastadion und Corbusierhaus sind räumlich unmittelbar benachbart, was

Die als Straßen bezeichneten Korridore des Corbusierhauses.

einen starken Kontrast zu bilden scheint. Bei genauerer Betrachtung fallen jedoch prinzipielle Ähnlichkeiten auf: Beide Objekte sind sehr groß wenn nicht gigantisch, beide erzeugen Größe durch serielle Reihung identischer oder ähnlicher Module, beide sind für große Menschenmengen ausgelegt. Überraschend ist, dass selbst die Bilder vom Menschen, wie sie sich einerseits in den Skulpturen auf dem Olympiagelände (Diskuswerfer, Stafettenläufer), andererseits im »Modulor« auf der Fassade des Corbusierhauses manifestieren, eine Verwandtschaft aufweisen. Das alles kann aber nicht wirklich verwundern, denn die Konzepte beider Objekte stammen aus der gleichen Periode, den 1920er- und 1930er-Jahren. In dieser Zeit waren radikale Ansätze verbreitet. Le Corbusier empfahl zum Beispiel in einer städtebaulichen Vision für Paris, den historischen Stadtkern abzureißen und durch regelmäßig angeordnete Hochbauten zu ersetzen, was sich in Speers Plänen für die Umgestaltung Berlins zur Welthauptstadt Germania wiederfindet. Dass Le Corbusier aber tatsächlich ein Sympathisant der Nationalsozialisten und speziell auch Hitlers war und mit der Vichy-Regierung eng zusammenarbeitete, ist erst in den letzten Jahren ins Bewusstsein der Öffentlichkeit gedrungen[15]. Da kann man es wohl nur als Ironie der Geschichte bezeichnen, dass der Berliner Senat 1957 – vermutlich in der guten Absicht einem Zeugnis dunkler Zeiten etwas Neues entgegenzustellen – das Corbusierhaus neben das Olympiastadium platzierte und sich damit in den Dienst des »Zeitgeists« stellte.

Dallgow: Reminiszenz der mittelalterlichen Ostsiedlung

3

Die Besiedlung der östlichen Randgebiete des Heiligen Römischen Reichs durch deutschsprachliche Siedler setzte schon zu Beginn des 11. Jahrhunderts ein. Im Berliner Raum aber kam es erst nach der Schlacht auf den Glienicker Feldern im Jahr 1157, bei der Albrecht der Bär aus dem Geschlecht der Askanier einen Sieg über Jaczow von Köpenick errang, zu einer massiven Einwanderung und zur Entstehung eines dichten Netzes von Dörfern. Zu diesen gehörten auch Berlin und Cölln, die schnell miteinander verschmolzen und im Laufe der Jahre mit benachbarten Ortschaften zusammenwuchsen. Am Rande dieses Konglomerats jedoch blieben viele der alten Dörfer als klar abgegrenzte, individuelle Ortschaften bis heute bestehen. So auch Dallgow, ein kleines Dorf, das etwa fünf Kilometer westlich der Berliner Stadtgrenze direkt an der Heerstraße liegt. Im Rahmen dieses Buchs dient Dallgow als gut recherchiertes Beispiel für die mittelalterliche Besiedlung des Berliner Rands. Auch beleuchtet es die aktuellen Verhältnisse in den ländlichen Teilen des Berliner Rands und zeigt insbesondere, wie sich die Wiedervereinigung auf diese Region auswirkte.

Dallgow liegt südöstlich der Döbritzer Heide am Übergang von Nauener Platte zum Havelluch. Archäologische Funde zeigen, dass diese Gegend seit der Mittelsteinzeit (etwa 6.000 v. Chr.) wiederholt von Menschen aufgesucht wurde, dann vom Germanischen Stamm der Semnonen und anschließend von Slawen

Der Ortskern von Dallgow wird seit etwa 700 Jahren von einer Feldsteinkirche dominiert. Die Weitläufigkeit der Fluren erinnert hingegen an die Landwirtschaftliche Produktionsgenossenschaft der DDR, die Investitionsruine »Parkhotel« (rechts) und das groß-dimensionierte Einkaufszentrum (links) an euphorische Nachwendezeiten.

Den ersten Bahnanschluss erhielt Dallgow schon 1871. Die Hochgeschwindigkeitstrasse (links) entstand aber erst nach 1990 und zielt schnurstracks auf das Berliner Zentrum.

besiedelt wurde. Urkundlich wurde Dallgow erstmals 1271 unter dem Namen »dalghe« erwähnt. Im Landbuch Kaiser Karls IV. von 1375 wird es als Dorf mit einem Landbesitz von 49 Hufen geführt. Vieles spricht dafür, dass der Name slawischen Ursprungs ist und sich von »daleku«, »tief gelegener Ort«, ableitet. Er könnte auch germanischen Ursprungs sein und »kleines Tal« bedeuten[16].

Die Dorfchronik von Ursula Kluchert[16] ermöglicht es, einige konkrete Vorkommnisse aus der 800-jährigen Geschichte Dallgows schlaglichtartig zu beleuchten. So wurde der Raubritter Caspar Gans zu Putlitz am 30. November 1413 in Dallgow von einem Trupp des Bischofs zu Brandenburg gestellt und gefangengenommen. Das Ereignis trug wesentlich zur Beendigung der Raubritterzeit bei, die 1378 nach dem Tod Kaiser Karl IV. in Brandenburg ausgebrochen war und von gewalttätigen Geschlechtern wie denen der Putlitz und Quitzows getragen wurde. Sie endete 1415 mit der Einsetzung des Burggrafen von Nürnberg, Friedrich IV., zum Markgrafen und Kurfürsten von Brandenburg, als Friedrich I. Er begründete die Hohenzollernherrschaft in Brandenburg und später Preußen und Deutschland, die erst 1918 mit der Abdankung des deutschen Kaisers Wilhelm II. endete.

Vom 2.–14. September 1753 hielt der preußische König Friedrich II. in dem Gebiet zwischen Spandau, Gatow, Dallgow und Döbritz eines der größten Manöver ab, die es bis dahin gegeben hatte. 44.000 Soldaten übten unter seiner Leitung die Schlachtenformation. Die Reihe von Kriegen, die Friedrich dann 1756 mit der Annexion Schlesiens begann und mit wechselhaftem Glück bis 1763 gegen die aus Österreich, Frankreich und Russland gebildete »große Koalition« ausfocht, war nicht zu gewinnen. Gleichwohl machte sie Preußen zu einer neuen Europäischen Großmacht und bereitete so auch die Spannungen und Feindschaften vor, die sich im 20. Jahrhundert auf schreckliche Weise entluden.

1871 pflanzten die Dallgower auf dem Dorfplatz anlässlich des Sieges im deutsch-französischen Krieg eine »Friedenseiche«. Berlin wurde zur gleichen Zeit Hauptstadt des Deutschen Reiches und erlebte einen

Der Ursprung von Dallgows kleiner einschiffigen Basilika lässt sich bis in das 14. Jahrhundert zurückverfolgen. 1869 aber zerstörte ein Brand die alte Kirche, der Turm erhielt seine heutige Form erst 1941, das Dach wurde 1998 erneuert.

enormen Boom, an dem auch die Dallgower, zum Guten und Schlechten, partizipierten. Erst lieferten sie Milch nach Charlottenburg, dann fanden auch ihre anderen landwirtschaftlichen Produkte in Berlin reißenden Absatz. 1871 erhielt Dallgow einen Bahnanschluss, so dass nun Spandau in 18 Minuten, der Lehrter Bahnhof in Berlin-Mitte in 57 Minuten zu erreichen waren. 1898 kaufte ein Rechtsanwalt aus Charlottenburg Land auf der südlichen Seite des Bahnhofs und errichte darauf eine erste »Kolonie«, also Wohnhäuser für Berliner. Eine zweite folgte bald auf der nördlichen Seite des Bahnhofs. 1903 wurden alle Straßen Dallgows gepflastert, Elektrifizierung und Wasseranschluss folgten 1912/13. Ab 1893 wurde der Truppenübungsplatz im nahen Döbritz in großem Stil ausgebaut, wofür Dallgow zwangsweise 375 Hektar Land beisteuern musste. Um eine schnelle Verbindung zwischen Truppenübungsplatz und Berlin zu schaffen, wurde zudem in den Jahren 1903 bis 1910 die Heerstraße

Das Innere der Dallgower Kirche enthält trotz vieler Umbauten einen Altaraufbau aus dem Jahre 1692, eine schöne Holzdecke und eine bemalte Empore mit kleiner Orgel.

Unmittelbar gegenüber der Kirche liegt, den ehemaligen Dorfanger ausfüllend, eine zu Anfang der 1990er-Jahre errichtete Investitionsruine, die sich bisher resistent gegen Reanimationsversuche und Abrissbestrebungen erwiesen hat.

ausgebaut. In Staaken errichtete die Luftschiffbau Zeppelin-Gesellschaft ab 1915 große Hallen, wofür Dallgow wiederum Land abgeben musste.

Am 24. April 1945 erreichte die sowjetische Armee Dallgow. Der Dorfkern wurde zunächst abgezäunt und die Bewohner für ein halbes Jahr aus ihm ausgeschlossen. Im Rahmen des Programms »Junkerland in Bauernhand« wurde alle landwirtschaftlich genutzten Flächen konfisziert und neu verteilt, insbesondere auch an »Neubauern«. Ehemals aktive Nazis waren von der Landvergabe ausgeschlossen. Manchem gelang es aber, sich als alter Kommunist auszugeben. Mit der Parole »Von der Stadt aufs Land« begann 1953 eine Kampagne für die Errichtung von Landwirtschaftlichen Produktionsgenossenschaften (LPG). Der Beitritt war freiwillig, wurde aber durch Steuerauflagen und psychologischen Druck de facto erzwungen. In Dallgow entstand eine LPG vom Typ 3, die gemeinsame Feld-, Vieh- und Waldwirtschaft einschloss. Eine Grundschule, die bis zur 8. Klasse führte, wurde schon 1945 mit neuen Lehrern wiedereröffnet. Sie bestand bis 1959, um dann in eine allgemeinbildende polytechnische Oberschule überführt zu werden, zu deren Programm auch »UTPs«, Unterrichtstage in der sozialistischen Produktion, gehörten. Am 13. August 1961 wurde die Grenze zu West-Berlin geschlossen und die Mauer errichtet. Den Dallgowern wurde damit der geliebte Ausflug nach Spandau unmöglich, wie auch der ihnen so wichtige Besuch der Grünen Woche am Berliner Funkturm. Ab 1964 konnten sie wieder, wenn auch nur in besonderen familiären Fällen und mit speziellem Passierschein, nach West-Berlin und Westdeutschland reisen, mussten dann aber den Mindestumtausch von anfangs moderaten drei, ab 1980 horrenden 25 Mark pro Tag leisten. Die Sowjetarmee hatte derweilen den Truppenübungsplatz Döbritz reaktiviert und die letzten Bewohner des alten Dorfes Döbritz vertrieben. Russische Soldaten tauchten in den Läden auf und wurden Teil des Alltags. Im Ganzen hatte das Leben in der DDR dem Empfinden

Dallgow besitzt ausgedehnte fruchtbare Fluren und hatte traditionell einen landwirtschaftlichen Schwerpunkt, wandte sich aber nach Abwicklung der Landwirtschaftlichen Produktionsgenossenschaft in den 1990er-Jahren der Pferdewirtschaft zu.

der Dallgower nach viele positive Aspekte. Arbeitslosigkeit war unbekannt. Frauen konnten nach Belieben berufstätig werden, da die Kinder in Krippen, Kindergärten und Horten gut betreut wurden. Die Betriebe boten Ferienlager, die Gewerkschaften Reisen an. Die Versorgungslage war zwar immer angespannt, aber nie kritisch.

Mit dem Fall der Mauer 1989 änderte sich das Leben in Dallgow schlagartig. Die Kollektivierung wurde rückgängig gemacht, die LPG »abgewickelt«, traditionelle Bauernhöfe reaktiviert. Die Arbeitslosigkeit stieg sprunghaft an. Die Bahnlinie wurde durch eine ICE-Trasse verstärkt, die Heerstraße zur autobahnähnlichen Bundesstraße 5 ausgebaut, beide mitten durch die Dallgower Fluren. Ein großes Einkaufszentrum nahm den Betrieb 1993 am Rande Dallgows auf und und soll nach Meinung der Stadtverwaltung Abwechslung für die ganze Familie bieten. Ein traditionsreiches altes Gasthaus auf dem Dorfanger wurde abgerissen und durch ein üppiges, die ganze Aue ausfüllendes »Parkhotel« ersetzt. Es ging nach wenigen Jahren in die Insolvenz und steht seit 2009 leer. Von 1991 an musste Dallgow um seine Eigenständigkeit bangen, denn es sollte nach dem Willen der Brandenburgischen Regierung in die neugeschaffene Gemeinde Wustermark integriert werden. Dagegen kämpfte Dallgow, auch mit dem Motto »Wir sind das Volk«, an und wurde 1997 schließlich als amtsfreie Gemeinde anerkannt. Heute widmet sich Dallgow vorwiegend der Pferdehaltung und betreibt Reiterhöfe, Pferdepensionen und eine Pferdeklinik.

Für Pferde hält Dallgow auch schöne Koppeln bereit.

4 Krienicke: Festung und Waffenschmiede

Die Krienicke ist eine seenartige Erweiterung der Havel, die etwas nördlich von Spreemündung und Spandauer Altstadt liegt. Um sie herum gruppieren sich Spandauer Zitadelle und Eiswerder sowie Krienicke-Park, Spandauer Seebrücke, kleiner Wall, Schultheiss-Patzenhofer Brauerei, Wröhmänner-Park und Schleuse Spandau, wobei die Spandauer Altstadt immer in Sichtweite bleibt. Insgesamt machen Wasserverbundenheit, geschichtliche Tiefe und märkische Ländlichkeit die Krienicke zu einem Paradigma Spandaus. Außerdem illustriert sie ein Phänomen, das eine lange Tradition in Berlin hat: die gezielte Errichtung von Militäranlagen und Rüstungsfabriken im Stadtrand.

Die Entwicklung der im 14. Jahrhundert erfundenen Feuerwaffen nahm im 15. und 16. Jahrhundert einen solchen Aufschwung, dass die mittelalterlichen Burgen den neuen großkalibrigen und weittragenden Waffen nicht mehr standhalten konnten[17]. Neue Verteidigungsanlagen, die Nahangriffen standhielten und einem Fernbeschuss mit großen Projektilen widerstehen konnten, waren gefragt. Hier wussten besonders italienische Ingenieure und Baumeister Wissenschaft und Kunst zu verbinden und unter Anwendung von Prinzipien der Ballistik, Geografie und Geodäsie aber auch der Zahlenmystik »idealtypische« Baupläne zu entwickeln, die sich gleichermaßen durch hohe Funktionalität und magische Schönheit auszeichneten. Die ersten Anlagen dieser Art hatten noch burgähnlichen Charakter, bei dem lediglich die Wallmauern (Kurtinen) durch Erdwälle verstärkt, mit Wehrgängen (Kasematten) versehen und die Ecken durch vorspringende Bastionen geschützt

Die Krienicke ist eine seenartige Erweiterung der Havel. An ihrem Rand liegen die Spandauer Zitadelle mit Juliusturm (links) und die Spandauer Altstadt mit Rathaus und Nikolaikirche (rechts).

Die Spandauer Zitadelle – Mitte des 16. Jahrhunderts errichtet – ist eine der besterhaltenen und bedeutendsten Renaissancefestungen Europas. Bei ihrem Bau blieben bedeutende Reste der vorangehenden mittelalterlichen Burg wie der Juliusturm (Hintergrund) erhalten. Um die Verteidigungskraft der Zitadelle zu stärken, wurde ihr Zugang exzentrisch in die südliche Mauer eingelassen.

wurden. Aber bald schon erhielten die Kurtinen Knickpunkte und die Bastionen spitz zulaufende Seitenwände (Facen) und zurückgezogene Flanken, so dass schließlich streng symmetrische, kristall-ähnliche Gebilde hoher Komplexität entstanden.

Diese Entwicklungen bewogen den Brandenburgischen Kurfürsten Joachim II. in der Mitte des 16. Jahrhunderts die alte askanische Burg in Spandau in eine zeitgemäße Festung umbauen zu lassen[17]. Die Zeiten seien unsicher, man müsse vorsorgen, war die Begründung für ein kostspieliges Projekt, das letztlich von den Bürgern Spandaus und anderen brandenburgischen Gemeinden durch Sonderabgaben finanziert und in Fronarbeit erstellt werden musste. Die Wahl des Standortes war wesentlich durch die relative Nähe Spandaus zu Berlin bestimmt. Im Notfall konnte der im Berliner Stadtschloss residierende Hof schnell in Spandau Zuflucht finden.

Die Spandauer Zitadelle wurde in den Jahren 1560 bis 1594 errichtet. Ihre Baumeister waren italienischer Herkunft, anfangs der »Ästhet« Francesco Chiaramella de Gandino aus Venedig, nachfolgend der »Funktionalist« Rochus von Lynar aus Florenz. Auch 200 Facharbeiter ließ man aus Italien kommen. Es zeigte sich aber, dass der moorige Untergrund aufwändig durch Pfahlgründung befestigt werden musste, was zu Verzögerungen, Kostensteigerungen und viel Ärger führte[17]. Der Bau konnte

Die Spandauer Zitadelle ist streng nach funktionalen Gesichtspunkten konstruiert und nimmt damit den Ende des 19. Jahrhunderts formulierten Leitsatz der architektonischen Moderne »form follows function« (FFF) vorweg. Das Bild zeigt Details der Bastion Kronprinz.

Die Zitadelle hat einen fast quadratischen Grundriss mit vier befestigten Eckwerken (Bastionen), die durch bis zu elf Meter hohe Mauern (Kurtinen) verbunden und von einem, mit der Krienicke kommunizierenden Wassergraben umgeben sind. Das Bild zeigt die Südostecke der Zitadelle mit der Bastion Königin.

schließlich nach einem, im Wesentlichen von Chiaramella entworfenen, heute aber nach Lynar benannten Plan fertiggestellt werden. Er hat einen fast quadratischen Grundriss von etwa 300 Meter Kantenlänge und wird durch einen allseitigen, mit der Krienicke verbundenen Wassergraben sowie vier gewaltige Bastionen und bis zu elf Meter hohe Kurtinen geschützt. Er hat zudem eine große Besonderheit: Teile der mittelalterlichen Burg wie Burgfried (Juliusturm) und Wohngebäude (Palas) blieben als zentrale Bestandteile des neuen Bauwerks bestehen. So kommt es, dass die Spandauer Zitadelle nicht nur eine der besterhaltenen Renaissancefestungen Mitteleuropas ist, sondern zugleich auch die ältesten Bauwerke Berlins – Juliusturm und Palas – beherbergt.

Die ursprüngliche Festungsanlage wurde im Lauf der Jahre vielfach verändert und ergänzt. 1691 brachte der Blitz einen Pulverturm zur Explosion. Die Reparatur der schweren Schäden erfolgte zwischen 1692 und 1700 bei gleichzeitiger Ergänzung der Bastion Kronprinz um einen Kanonenturm und einen Wasserzugang (»Hafen«).

Die Zitadelle hat mit einem kleinen Hafen in der Bastion Kronprinz direkten Zugang zur Krienicke.

Im Hof der Spandauer Zitadelle befinden sich zwei bedeutende Relikte der mittelalterlichen Burg, Palas und Juliusturm (Hintergrund). Die verhüllten Objekte im Vordergrund sind Standbilder, die der Fertigstellung des »Museums für politische Skulpturen« harren.

Das 2016 eröffnete »Museum für politische Skulpturen« bietet Standbildern, die an ihren Originalstandorten nicht mehr gut gelitten sind, ein Refugium.

1813 beschoss die preußische Armee die damals von napoleonischen Truppen gehaltene Zitadelle und brachte dabei ein Pulvermagazin in der Bastion Königin zur Explosion. Daraufhin wurde die Bastion Königin repariert und ausgebaut, der Juliusturm nach Plänen von Schinkel mit einem neuen Zinnenkranz versehen und die Torfassade im klassizistischen Stil neu gestaltet. Weitere Restaurierungsarbeiten begannen 1962 und dauern bis heute an.

Joachim II. hatte die Zitadelle vorausschauend als sicheren Ort für den Hof bauen lassen, ein Zweck, den sie bald nach ihrer Errichtung erfüllte. Als schwedische Truppen während des Dreißigjährigen Kriegs Berlin bedrohten, zogen sich die brandenburgische Regierung und die Heeresführung von 1638 bis 1648 in die Zitadelle zurück. 1757 drohte eine Invasion Berlins durch österreichische und französische Truppen und die Zitadelle musste dem Hof Friedrichs II. als Zufluchtsort dienen. Ansonsten aber wurde sie meist zweckentfremdet. Gelegentlich diente sie als Staatsgefängnis, zum Beispiel um 1819 »Turnvater« Jahn wegen »aufrührerischer Umtriebe« drei Tage festzuhalten, und 1848 um 500 Personen, die an der Märzrevolution teilgenommen hatten, ein paar Stunden zu befragen. 1817 wurde das „Geheime Brandraketen-Laboratorium“ in der Zitadelle eingerichtet, siedelte aber später auf den Eiswerder um. Von 1878 bis 1919 diente der Juliusturm als Aufbewahrungsort für den, großenteils aus französischen Reparationszahlungen bestehenden Reichskriegsschatz und erhielt zu diesem Zweck eine besonders dicke, noch heute zu bestaunende Tresortür. Das nationalsozialistische Regime richtete 1935 ein »Heeres-Gasschutz-Laboratorium« in der Zitadelle ein, bei dem auch mit Giftgas experimentiert wurde.

Heute dient die Zitadelle ausschließlich friedlichen und schöngeistigen Zwecken. 1992 entstand ein Stadtgeschichtliches Museum im Zeughaus, und im April 2016 konnte im 114 Meter langen und sechs Meter hohen Magazingebäude ein Museum für politische Standbilder eröffnet werden. Es zeigt Skulpturen von Herrschern und Politikern aus den letzten drei Jahrhunderten. Großes Aufsehen erregte der 3,9 Tonnen schwere Kopf einer überlebensgroßen Leninstatue. Sie stand einst auf dem Platz der Vereinten Nation in Berlin-Mitte, wurde aber 1991 abgerissen, im Köpenicker Forst vergraben, 2015 geborgen und zur Zitadelle gebracht.

Der Eiswerder, hier vom Juliusturm über den Hof der Zitadelle hinweg gesehen, war lange ein Schwerpunkt der preußischen Rüstungsindustrie.

Das königliche Feuerwerkslaboratorium auf dem Eiswerder umfasste neben dem Geheimen Brandraketen-Laboratorium eine Geschützgießerei, eine Artilleriewerkstatt und mehrere Pulver-, Munitions- und Patronenfabriken. Das abgebildete Gebäude von 1870 wurde ab 1949 für Filmproduktionen verwendet.

Der Kleine Wall bildet einen lieblichen Kontrast zum historisch-martialischen Eiswerder.

Der Eiswerder[18,19] war bis 1746 unbewohnt, wurde dann aber von einem Einwanderer aus der Steiermark in Besitz genommen und landwirtschaftlich genutzt. 1826 errichtete der Preußische Militärfiskus das Königliche Feuerwerkslaboratorium auf der Insel ein, dem 1829 das Geheime Brandraketen-Laboratorium folgte. Bis zum Ersten Weltkrieg kamen eine Pulverfabrik, eine Geschützgießerei, eine Artilleriewerkstatt, eine Patronenfabrik und eine Munitionsfabrik hinzu. Der Eiswerder war nun bis zum Rand mit militärischen Einrichtung gefüllt. Nach dem Ersten Weltkrieg wurden alle Fabriken auf zivile Produkte umgestellt, teils auch als Lagerhallen und Umschlagplätze verwendet. 1949 kaufte ein Filmproduzent einige der alten Gebäude und richtete in ihnen ein Filmstudio ein, dem andere folgten. In letzter Zeit ist das noch ziemlich abgeschiedene, nur über zwei enge Brücken zu erreichende Eiswerder von Immobilienentwicklern entdeckt worden[19]. Einige der alten Fabrikgebäude wurden bereits in Wohnungen umgewandelt, andere sind in Arbeit. Gleichzeitig wurde der Eiswerder zu einem Zentrum der Wildtieransiedlung. Besonders Bieber zieht das wasserreiche Biotop an. Der Straßenverkehr birgt aber große Gefahren für die Tiere, so dass der Bau spezieller Tunnel erwogen wird[20].

Die Krienicke liegt unter Flugschneisen verschiedenster Art.

5 Borsigwerke Tegel: Eine Randwanderung

Gegen Ende des 19. Jahrhunderts entstand am Ufer des Tegeler Sees, weit außerhalb des damaligen Berliner Stadtgebiets, die modernste Lokomotivenfabrik der Welt. 1898 in Betrieb genommen erreichte sie in den 1920er-Jahren den Gipfel ihrer Produktivität, ging aber während der Weltwirtschaftskrise in Konkurs und wurde ab 1933 vom nationalsozialistischen Regime für Rüstungszwecke missbraucht. Nach einem nur scheinbar erfolgreichen Neubeginn in den 1950er-Jahren privatisierte die Bundesrepublik Deutschland die Anlage, was eine Fragmentierung nach sich zog und schließlich zu einem Büro-, Konsum- und Technologiegebiet führte, in dem der Name Borsig schmückende Funktionen hat. Im Rahmen dieses Buchs ist das Borsiggelände ein Paradigma für die Randwanderung der Berliner Großindustrie am Ende des 19. Jahrhunderts. Auch kündet es beispielhaft von den tiefgreifenden Transformationen, die die großen Industrieanlagen der Gründerzeit im 20. Jahrhunderts durchliefen.

Die Vorgeschichte des Tegeler Borsiggeländes ist eng mit der Persönlichkeit August Borsig verbunden.[21,22] Der 1804 in Breslau geborene Sohn eines Zimmerpoliers kam 1823 nach Berlin, um am königlichen Gewerbeinstitut zu studieren. Er brach aber die Ausbildung nach andert-

Die Hauptmontagestraße der ehemaligen Borsigfabrik – 1898 von den Architekten Konrad Reimer und Friedrich Körte im historisierenden, an märkischer Backsteingotik orientierten Stil errichtet – wurde von 1995 bis 2000 zum Industrie-, Büro- und Konsumpark »Am Borsigturm« umgebaut.

Der Industriepark »Am Borsigturm« umfasst auch ein, vom französischen Architekten Claude Vasconi entworfenes Parkhaus, das man als Allegorie für große Maschinen, wie sie von Borsig mit dem Lokomotivbau initiiert wurden, interpretieren kann.

halb Jahren ab und begann eine Lehre in der Eisengießerei und Maschinenbauanstalt von F. A. Egells am Oranienburger Tor. Dort stieg August Borsig zwischen 1827 und 1837 vom Lehrling zum „Factor" und Betriebsleiter auf. In dieser Zeit auch heiratete er die Tochter des Küsters von Sankt Hedwig, Louise Pratschel, und hatte 1829 den Sohn Albert mit ihr. 1837 kaufte August Borsig von ersparten 10.000 Talern das neben der Egellschen Gießerei liegende Grundstück und gründete darauf eine Eisengießerei und Maschinenbauanstalt. Zu jener Zeit hatten neue Verfahren der industriellen Zuckerherstellung einen großen Bedarf an Dampfmaschinen erzeugt. Außerdem löste die Eröffnung der ersten Preußischen Eisenbahnlinie von Berlin nach Potsdam einen Boom des Eisenbahnbaus aus. Deshalb konzentrierte sich August Borsig anfangs auf die Herstellung von Dampfmaschinen und die Reparatur von Lokomotiven. Aber schon 1841 brachte er die erste eigene Lokomotive, »Borsig1« genannt, heraus. Obwohl nur ein Nachbau gelang es der »Borsig1« 1841 eine Wettfahrt von Berlin nach Jüterbog gegen die als unschlagbar geltende englische Konkurrenz zu gewinnen. Es folgten bald selbstkonstruierte, immer weiter verbesserte Lokomotiven, die reißenden Absatz fanden. 1846 wurde die 100., 1854 die 500. Lokomotive ausgeliefert. Aber August Borsig war vielseitig interessiert. 1847 baute er die Eisenkonstruktion für die Kuppel der Nikolaikirche in Potsdam und die der Schlosskapelle in Berlin, was ihm hohe gesellschaftliche Anerkennung eintrug. Derweilen war das Firmengelände an der Chausseestraße zu klein geworden. Bereits 1843 hatte Borsig Grundstücke in Moabit gekauft und in der Straße Alt-Moabit 84 ein Wohnhaus errichtet. 1847 verlegte er das Eisenwerk von der Chausseestraße nach Moabit und eröffne-

Ein liebenswertes Relikt der ehemaligen Borsigfabrik – ebenfalls 1898 von Reimer und Körte errichtetet – ist das Werkstor. Wegen der Standbilder eines Schmieds und eines Gießers avancierte es schnell zum Wahrzeichen der Borsigwerke, musste sich aber diese Funktion ab 1922 mit dem Borsigturm (Hintergrund) teilen, dem ersten »Wolkenkratzer« Berlins.

te damit einen zweiten Betriebsstandort. 1854 erwarb er ausgedehnten Grundbesitz und Förderrechte in Biskupitz, Oberschlesien, um die Firma durch eigene Kohle- und Erzförderung unabhängiger zu machen. Bevor jedoch dieser Plan verwirklicht werden konnte, erlitt August Borsig einen Schlaganfall und starb am 6. Juli 1854 im Alter von 50 Jahren.

Nach dem Tod August Borsigs übernahm sein Sohn Albert den Betrieb. Unter seiner Ägide wurden insgesamt 3.076 Lokomotiven gebaut und die Zahl der Beschäftigten auf 3.500 gesteigert. Außerdem

Beim Borsigturm, 1922 von dem Architekten Eugen Schmohl errichtet, wurde erstmals expressionistisches Formengut in der Berliner Industriearchitektur verwendet.

Das ehemalige Lohnbüro der Borsigfabrik wurde wie der Borsigturm von Eugen Schmohl errichtet, passt sich aber völlig seiner unmittelbaren, traditionalistischen Umgebung am Borsigtor an und meidet expressionistische Anflüge.

Detail an der Fassade des Lohnbüros.

vergrößerte Albert den Besitz in Schlesien und dehnte den Geschäftsbereich aus. 1861 heiratete er Anna Guticke, die Tochter eines Fabrikanten aus Stettin, und hatte mit ihr fünf Kinder: Margarethe (1864), Arnold (1867), Ernst (1869), Hedwig (1871) und Conrad (1873). Die wirtschaftliche Konjunktur flaute aber 1873 in dramatischer Weise ab, so dass die Beschäftigtenzahl der Borsigwerke auf 700 sank. In dieser kritischen Phase starb Albert Borsig 1878, noch vor Vollendung des 50. Lebensjahrs, an Herzversagen. Seine Frau Anna war zu dieser Zeit 35 Jahre alt, die Kinder zwischen 5 und 14 Jahren. Albert hatte testamentarisch bestimmt, dass seine Söhne den Betrieb gemeinsam übernehmen sollten, aber erst, wenn auch der Jüngste volljährig geworden sei. Bis dahin würde die Firma von einem Nachlasskuratorium verwaltet werden. So geschah es auch in den folgenden 15 Jahren. Aber das Kuratorium erwies sich als unfähig und geriet mehrfach an den Rand der Insolvenz.

Als 1893 schließlich das Ende der Kuratoriumszeit gekommen war, zeigte sich, dass sich die drei Brüder gründlich vorbereitet hatten und willens waren, den Betrieb nicht nur zu sanieren, sondern zu neuer Blüte zu bringen. Sie wollten sich eigentlich die Geschäftsführung teilen, indem Arnold die schlesischen Anteile betreute, während Ernst die technische und Conrad die kaufmännische Leitung von Berlin aus übernahmen. Dies wurde aber durch den Tod Arnolds bei einem Grubenbrand unmöglich. Ernst und Conrad widmeten sich nun zunächst der Modernisierung des Betriebs. Statt aber die alten Anlagen in Moabit zu erneuern, gingen sie daran, eine völlig neue, nach letzten Erkenntnissen gestaltete Fabrik am Rande Berlins zu errichten. Das war durchaus im Trend der Zeit. Durch die Bevölkerungsexplosion war es auf dem Berliner Stadtgebiet überaus eng geworden, die Bodenpreise hatten astronomische Höhen erreicht. Andererseits war der Ausbau der Eisenbahnlinien soweit fortgeschritten, dass es sich auch weit außerhalb der Stadtgrenzen wohnen und arbeiten ließ, ohne auf die besonderen Vorteile der Metropole zu verzichten. Für Borsig kam wegen der in Moabit bereits bestehenden Arbeiterschaft als neuer Standort nur der Norden Berlins in Frage.

Neben den von Reimer und Körte entworfenen Hallen mit aufwendigen, historisierenden Fassaden errichtete die firmeneigene Bauabteilung viele einfache Hallen, unter denen die ehemalige Winkelschmiede erhalten geblieben ist.

Auf der Suche nach einem neuen Standort für die Lokomotivenfabrik stieß Ernst Borsig 1894 auf ein in der Nähe des Dorfs Tegel zwischen Tegeler See und Kremmener Bahn gelegenes Grundstück und kaufte die 267.000 Quadratmeter großen Liegenschaften für 678.000 Mark. Anschließend bereiste er mit einem Stab von Ingenieuren Europa und Amerika, um den neuesten Stand auf dem Gebiet industrieller Fertigung zu erkunden. Ergebnis der Studienreisen war ein Fabrikentwurf mit einfachem, funktionalem Grundriss. Im Zentrum befand sich eine breite Betriebsstraße, die von der Belegschaft später »Unter den Linden« genannt wurde und heute »Am Borsigturm« heißt. An ihr standen große Montagehallen sowie Gießereien, Hammerschmieden, Kesselschmieden, Drehereien und andere, für den Lokomotivbau erforderliche Einrichtungen. Auf der Hauptbetriebsstraße und allen Abzweigungen, aber auch in den Hallen selbst lief eine Schmalspurbahn, mit der schwere Teile transportiert werden konnten. Der weitergehende Transport von Baumaterial und Produkten war sowohl auf dem Wasserwege als auch mit der Bahn möglich. Mit dem Bau der neuen Fabrik wurde im Frühjahr 1896 begonnen und in ihr schon im Oktober 1898 die erste Lokomotive montiert. Das neue Werk bescherte den Borsig-Brüdern einen Expansionsschub und weltweite Reputation, der Lokomotivbau erreichte wieder höchstes Niveau, die Produktion wurde auf Kältetechnik, Hydraulik, Gasmotoren und Bergwerksmaschinen ausgedehnt.

Der Erste Weltkrieg verlief glimpflich für Borsig. Während der Novemberrevolution von 1919 setzte sich Ernst Borsig erfolgreich für eine Kooperation und Absprache mit den Gewerkschaften ein. Nach dem Krieg war der Bedarf an Lokomotiven in Deutschland besonders groß, weil 5.000 Lokomotiven im Zuge des Versailler Vertrags als Teil der Reparationsleistungen an Frankreich abgeben werden mussten. Ausdruck der Prosperität war 1922 der Bau des Borsigturms, den man als erstes Hochhaus Berlins bezeichnen kann. Jedoch warf die Weltwirtschaftskrise ihre Schatten voraus. 1925 war die Zahlungsbilanz der Borsigwerke erstmals negativ, 1928 stellte die Deutsche Reichsbahn den Ausbau des Bahnnetzes für zwei Jahre völlig ein, 1931 musste Borsig die Insolvenz bekanntgeben. Es folgten schwierige Zeiten, in denen erfolglos nach Auswegen gesucht wurde. Am Ende stand 1933 die Übernahme Borsigs durch den staatlichen Rüstungskonzern Rheinmetall zu ungewöhnlich günstigen Konditionen. Ernst Borsig starb 1933 auf seinem Landgut Behnitz im Havelland. Conrad Borsig blieb zwar nach der Übernahme der Borsigwerke durch Rheinmetall formal stellvertretender Vorsitzender, zog sich aber auf sein Gut Prillwitz im Kreis Pyritz (heute Woiwodschaft Westpommern, Polen) zurück und widmete sich dem Aufbau und der Pflege einer dendrologischen Parkanlage. Am 13. Februar 1945 wurde er vor seinem Prillwitzer Haus von sowjetischen Soldaten erschossen.

Im Zweiten Weltkrieg wurden etwa 80 Prozent der Werksanlagen in Tegel durch Luftangriffe zerstört. Die Ruinen wurden im April 1945 von der Sowjetarmee besetzt und noch verwertbares Gerät umgehend demontiert. 1946 geriet die Anlage, der Aufteilung Berlins in vier Sektoren gemäß, unter französische Hoheit und wurde von französischer Seite nochmals ausgeschlachtet. Inzwischen hatte die alte Belegschaft, soweit noch vorhanden, die Arbeit trotz aller Hindernisse wieder aufgenommen, konnte aber auf Dauer die Fragmentierung des Unternehmens und des Geländes nicht verhindern. 1956 wurde die Borsig AG von der Salzgitter AG übernommen. Die verkaufte jedoch 1967 das Rohr- und Walzwerk einschließlich großer Teile des Geländes an die Thyssen AG. 1970 schließlich gingen Teile der Anlage in den Besitz der Deutschen Babcock AG über. Als diese 2002 insolvent wurde, wurde die ehemalige Borsig-Anlage 2003 von einer Kapitalbeteiligungsgesellschaft übernommen und 2008 an die KNM-Gruppe aus Kuala Lumpur weiterverkauft, die bis heute eine Dependance mit etwa 200 Mitarbeitern auf dem Borsiggelände betreibt.

Schon vor der »Wende« von 1989 begann der Bürowarenhersteller Herlitz Teile des ehemaligen Borsiggeländes zu erwerben und einen Plan für die gemischte Nutzung des Gebiets zu entwickeln[23]. In einem komplizierten und langwierigen Verfahren, das einen internationalen Architekturwettbewerb einschloss, wurden letztlich unter dem Projektnamen »Am Borsigturm« ein Gewerbepark, ein Büropark, ein Gründerzentrum, ein Einzelhandelszentrum einschließlich Bowlingbahn und Parkhaus sowie 208 Wohneinheiten errichtet und bis zum Jahr 2000 in Betrieb genommen. Entscheidend war dabei, dass die Fassaden von fünf Fertigungshallen aus der Anfangszeit der Borsigschen Fabrik und der Borsigturm erhalten werden konnten, wenn auch in einer besonderen, keineswegs unumstrittenen Form: Die Fassaden der historischen Hallen blieben an Ort und Stelle und wurden restauriert. Aber hinter die Fassaden wurden moderne Bauten gesetzt und Baulücken zwischen den historischen Fassaden mit kompletten Neubauten wie einem Kinokomplex, einem Parkhaus und einem Gründerzentrum geschlossen. Der Borsigturm wurde bei Erhaltung der Fassade zu einem Bürozentrum umgebaut. Das Ensemble ist bis heute wirtschaftlich erfolgreich. Die Firma Herlitz hingegen, die rund 700 Millionen Mark in das Projekt investiert hatte, ging 2014 in Konkurs und wurde vom Konkurrenten, der Pelikan Holding, übernommen.

Innenansicht der ehemaligen Winkelschmiede.

Detail der ehemaligen Winkelschmiede.

6 Frohnau: Privatunternehmerische Interpretation des Gartenstadtkonzepts

Als sich um 1905 ankündigte, dass die in Bau befindliche Villenkolonie Zehlendorf-West ein großer städtebaulicher, architektonischer und wirtschaftlicher Erfolg werden würde, ging einer ihrer Initiatoren und Financiers, Fürst Guido Graf Henckel von Donnersmark, sogleich daran, ein weiteres Landentwicklungsprojekt in die Wege zu leiten. Er gründete die »Berliner Terrain-Centrale« (BTC) und ließ von ihr Pläne für eine besonders große Siedlung beschaffen. Entgegen den von Johann Anton Wilhelm von Carstenn entwickelten »Theorien« von der Lage der Berliner Villenvororte sollte die Siedlung aber nicht im Südwesten Berlins errichtet werden, sondern in einem, nordöstlich Berlins gelegenen, »gottverlassenen« aber preiswerten Teil der Stolper Heide. In der Tat schien wenig für das Areal zu sprechen – bis auf den letztlich entscheidenden Umstand, dass es von der Nordbahn Berlin-Oranienburg durchquert wurde und dadurch gut an die Berliner Innenstadt angebunden war. Das Projekt wurde 1910 unter

Das Zentrum Frohnaus, 1910 nach Plänen der Architekten Gustav Hart und Alfred Lesser errichtet, besteht im Wesentlichen aus einem Bahnhofsgebäude (links), dem Casinoturm (rechts) und zwei, durch eine Brücke verbundene Plätze. Die Bahntrasse wird in einer tiefen Schlucht quer durch das Ensemble geführt.

dem Fantasienamen »Gartenstadt Frohnau« eröffnet, hatte aber wegen der schwierigen Zeiten zunächst nur geringen Zulauf. Nach dem Ersten Weltkrieg musste der ursprünglich angestrebte, gehobene Landhauscharakter unter dem Druck der Wohnungsnot zu Gunsten einfacher Einfamilienhäuser und später auch genossenschaftlicher Mehrfamilienhäuser fallengelassen werden. Heute gilt die Gartenstadt Frohnau als »Höhepunkt des Vorortzentrums-Baus«.

Wohnsiedlungen machen einen substantiellen Teil des Berliner Rands aus. Sie kommen in den unterschiedlichsten Gestalten vor, lassen sich aber meist einer von drei Arten zuordnen. In der Wilhelminischen Ära (1871–1918) entstanden die sogenannten Villenkolonien. Sie wurden vorzugsweise im Südwesten Berlins, der sich durch Wald- und Seenreichtum, gesunde Umweltbedingungen und gute Verkehrsanbindung an das Berliner Zentrum (Stammbahn 1838, Wannseebahn 1874) auszeichnet, errichtet und hatten häufig einen großbürgerlichen Charakter. Ihre Geschichte[24] begann 1865, als Johann Anton Wilhelm von Carstenn zwei Rittergüter in

Der Blick auf die Bahntrasse Frohnaus von der Brücke, die Ludolfinger und Zeltinger Platz verbindendet, zeigt, welch große Erdarbeiten bei der Einrichtung der Gartenstadt Frohnau vorgenommen wurden, um eine raffinierte Topographie zu schaffen.

Der Zeltinger Platz hat einen halbkreisförmigen Grundriss mit großer zentraler Grünfläche. Er ist von Geschäfts- und Wohngebäuden und der 1936 errichteten Johanneskirche gesäumt und mit zwei stattlichen, torartigen Gebäuden und einer großen Pergola geschmückt.

Die dicht bewachsene Pergola des Zeltinger Platzes umschließt einen Springbrunnen mit dem Standbild der »Kugelläuferin«. Sie wurde 1932 von dem Bildhauer Otto Maerker geschaffen, 1942 als kriegswichtiges Material eingeschmolzen und 1980 rekonstruiert.

Lichterfelde kaufte, das Gelände nach eigenen Plänen parzellierte und durch Errichtung eines Straßennetzes samt Kanalisationssystem für den Häuserbau vorbereitete. Die Grundstücke wurden dann an Privatpersonen verkauft, nicht ohne den Käufern Rahmenbedingungen für die Gestaltung der von ihnen zu errichtenden Landhäuser aufzuerlegen. Das Geschäftsmodell machte Schule. 1866 gründete der Fabrikant Albert Werckmeister eine Kommanditgesellschaft für die Entwicklung des Charlottenburger Westends. Am Wannsee hingegen bewog die Vorliebe für das Segeln den Bankier und Aufsichtsratsvorsitzenden der Berlin-Potsdamer-Bahn Wilhelm Conrad den zwischen Kleinem und Großem Wannsee gelegenen Stimmingschen Gasthof samt Ländereien 1869 zu erwerben und daraus ab 1872 die Kolonie »Alsen« zu entwickeln. Dem folgten Villenkolonien in Grunewald (ab 1889), Nikolassee (ab 1891), Zehlendorf (ab 1894), Dahlem (ab 1901) und schließlich Frohnau (ab 1910). In der Weimarer Republik (1919–1933) hatte hingegen die Bekämpfung von Armut und Wohnungsnot Vorrang. Das führte zu revolutionären Innovationen bei Bautechnik und -gestaltung und brachte die berühmten, durch kubische Form- und expressionistische Farbge-

Das Straßennetz der Gartenstadt Frohnau folgt dem Gelände organisch, wodurch ein natürliches, gewachsenes Erscheinungsbild erzeugt, Erdarbeiten minimiert und der Regenwasserabfluss optimiert werden konnten. Das Bild hebt am Beispiel der Markgrafenstraße auch hervor, welch großen Anteil die Baumbepflanzung am Straßenbild hat.

bung charakterisierten Siedlungen der Berliner Moderne hervor. Nach dem Zweiten Weltkrieg hatte wiederum die Errichtung großer Mengen preiswerter Wohnungen bis in die 1980er-Jahre hinein oberste Priorität. In West und Ost wurden die Methoden der industriellen Massenproduktion von Wohnbauten so weit entwickelt, dass Großsiedlungen mit zuvor unvorstellbar geringen Fertigungszeiten – zum Beispiel 1,5 Stunden/Wohnung – errichtet werden konnten. Dabei wurden allerdings die, den Berlinern so teuren »Kieze« autogerechten Stadtstrukturen geopfert.

Die Gartenstadt Frohnau[25-27] wurde kurz vor dem Ersten Weltkrieg eröffnet und geriet geradewegs in die Umbrüche des 20. Jahrhunderts. Sie ist deshalb kein reines Produkt der Wilhelminischen Zeit, sondern eine Mischform. Initiiert wurde sie aber bereits um 1905 von einem der damals bedeutendsten deutschen Industriellen und Investoren, Fürst Guido Graf Henckel von Donnersmark. Er gründete speziell für die Errichtung der Gartenstadt Frohnau die Terrain-Gesellschaft BTC und ließ von ihr eine internationalen Architektur-Wettbewerb ausrichten. Das mit Otto March und Hermann Muthesius hochkarätig besetzte Preisgericht verlieh unter fast 100 eingereichten Entwürfen dem Plan zweier Professoren der Technischen Hochschule in Berlin, Genzmer und Brix, den ersten Preis. Der tatsächlich realisierte Plan aber wurde von der BTC aus mehreren der eingereichten Entwürfe zusammengestellt.

Die Gartenstadt Frohnau umfasst ganz unterschiedliche Haustypen. Das älteste Siedlungshaus steht in der Zeltinger Straße 31 und wurde nach Plänen von Paul Posener für den Patentingenieur Julius Rumland in einem schlichten, ländlichen Charakter ausgeführt.

In der Straße »An der Buche« hingegen haben die Gebäude einen Villenkolonie-Charakter.

In den 1920er-Jahren entstanden kompakte Siedlungen wie die »Barbarossahöhe«, die kleine Mietwohnungen in großer Zahl umfassen.

Im 21. Jahrhundert schließlich entstanden moderne Landhäuser wie die im Edelhofdamm 62. Sie wurden 2010 von den Architekten Gudrun Sack und Walter Nägeli errichtet und zeichnen sich durch spezielle, der Umgebung angepasste Holzfassaden aus.

Schließlich wurde mit Hilfe eines weiteren Wettbewerbs ein zugkräftiger Name für das bis dahin namenlose Gebiet bestimmt und ihm durch Hinzufügen des Begriffs Gartenstadt ein aktueller Akzent verliehen.

Dabei wird Frohnau dem Begriff »Gartenstadt«, der 1898 von Ebenezer Howard mit dem Buch »To-morrow: A Peaceful Path to Real Reform«[28] geprägt und popularisiert wurde, nicht wirklich gerecht. Denn die Essenz der Howardschen Vision war, durch Gründung neuer Städte auf dem Land Abhilfe gegen die katastrophalen Wohnbedingungen des Proletariats in den Großstädten und gegen die Bodenspekulation zu schaffen. Zu diesem Zweck entwickelte er präzise Vorstellungen zur Größe, Gestaltung und Finanzierung der neuzugründenden Städte. Zum Beispiel sollten die Stadtzentren von Plätzen gebildet werden, die mit öffentlichen Einrichtungen wie Theater, Museum und Geschäften umgeben sind. In der Peripherie der Städte sollten Wohnviertel und Industrieviertel in verschiedenen Sektoren untergebracht werden, um Lärm- und Luftverschmutzung von den Wohnungen fern zu halten. Alle Wohnungen sollten zudem mit einem Garten versehen sein, das gesamte Land aber in Allgemeinbesitz bleiben, um Bodenspekulation zu verhindern. Von diesen Ideen inspiriert wurde schon 1902 in Berlin die Deutsche Gartenstadt-Gesellschaft gegründet. Viele der Gründungsmitglieder wie zum Beispiel die Brüder Heinrich und Julius Hart gehörtem dem Friedrichshagener Dichterkreis an. Die ersten deutschen Gartenstädte entstanden hingegen nicht in Berlin, sondern ab 1906 in Hellerau, Nürnberg und Werderau. Die Gartenstadt Frohnau wird zwar von landhaus-ähnlichen Gebäuden mit Gärten dominiert und hat zudem ausgedehnte öffentliche Grünflächen. Auch hat sie mit ihrem zentralen Platz eine städtische Komponente. Aber das Hauptkriterium Howardscher Gartenstädte, die genossenschaftlich-sozialistische Basis, fehlt. Ein Enkel des Grafen Guido von Donnersmark stellte denn auch zutreffend fest, dass die Siedlung Frohnau eine »privatunternehmerische Interpretation« des Gartenstadtkonzepts sei[29].

Mit der Errichtung der Gartenstadt Frohnau wurde 1908 begonnen. Neben einem ausgedehnten Straßennetz entstand auch ein umfangreiches Grünflächensystem mit zahlreichen Parks und vielen Wasserflächen. Vor allem aber wurde der Mittelpunkt der Siedlung mit großer Sorgfalt gestaltet. Er besteht aus einem schmetterlingsförmigen Doppelplatz, dessen halbrunde Teile durch eine tiefe, die Bahntrasse führende Schlucht getrennt und mit einer Brücke verbunden sind. An der Brücke stehen das Bahnhofsgebäude und ein sehr hoher Turm. Beide Halbplätze – Ludolfinger und Zeltinger Platz – sind von Geschäften und öffentlichen Gebäuden gerahmt und senden ein, dem Gelände organisch angepasstes Straßennetz in alle Himmelsrichtungen aus. Die Straßen wurden mit etwa 10.000 Bäumen bepflanzt, wobei jede Straße eine eigene Baumart erhielt.

Paul Dahlke, ein auf Homöopathie spezialisierter, in Berlin praktizierender Arzt, ließ 1924 im östlichen Teil Frohnaus den ersten buddhistischen Tempel Europas errichten. Man steigt zu ihm auf einer Treppe mit 73 Stufen hinauf, die den achtfachen Pfad Buddhas zur Erlösung symbolisiert.

1910 waren die Arbeiten soweit fortgeschritten, dass die Siedlung offiziell eingeweiht werden konnte. Der Verkauf ging aber nur langsam voran und musste durch eine intensive Werbekampagne unterstützt werden. Bis zum Beginn des Ersten Weltkrieges konnten trotzdem nur etwa 200 Grundstücke verkauft werden. Die Einwohnerzahl des für 6.000 Personen ausgelegten Geländes betrug zu jener Zeit 1.000. Die

Häuser waren, wie von der BTC vorgegeben, ausschließlich freistehende Einfamilienhäuser und in einem »konservativen bis malerischen« Landhausstil gehalten[25]. Der gesamte nördliche Abschnitt der Siedlung, der etwa ein Drittel des Geländes umfasst, blieb unbesiedelt. Die dort schon angelegten und gepflasterten Straßen wurden vom Wald wieder überwuchert. Eine geplante Ansiedlung von Industriebetrieben entlang der Bahnlinie konnte nie realisiert werden.

Nach dem Ersten Weltkrieg musste das Leitbild einer wohlhabenden Landhauskolonie wegen des großen Wohnungsmangels aufgegeben werden[26]. Bei der Bildung Groß-Berlins wurde Frohnau 1920 gegen seinen Willen eingemeindet und dem Bezirk Reinickendorf angegliedert. Das Bezirksamt genehmigte den Bau aller möglichen Haustypen wie auch kompletter, sehr kompakter Siedlungseinheiten mit Mietwohnungen. Der Trend zur Erosion des ursprünglichen Gartenstadtkonzepts setzte sich nach dem Zweiten Weltkrieg verstärkt fort. Von 1950 bis 1986 gab es etwa 750 Grundstücksteilungen. Hammergrundstücke breiteten sich aus und wurden mit Reihenhäusern, Bungalows und Fertighäusern belegt. Die Einwohnerzahl Frohnaus stieg bis 2016 auf 17.000 an.

Wenn man Frohnau nach Norden hin verläßt, befindet man sich nach wenigen Schritten auf der Stolper Heide.

Märkisches Viertel: Angewandte Sonne?

»Wir reißen die alte Stadt ab und bauen neue Arbeiterstädte am Rand« sagte Willy Brandt im März 1963 nach seiner Wiederwahl zum Regierenden Bürgermeister von Berlin und präsentierte Pläne für den Abriss von 46.500 Altbauwohnungen in Wedding (Brunnenstraße), Kreuzberg (Kottbusser Tor), Schöneberg (Bülowstraße), Charlottenburg (Klausener Platz) und Neukölln (Rollbergstraße) und andererseits den Bau von Großsiedlungen für mehr als 100.000 Bewohner im Stadtrand. Unter den in den folgenden Jahren entstandenen Siedlungen zog das Märkische Viertel die größte Aufmerksamkeit auf sich mit einer Rezeptionsgeschichte, die von höchstem Lob (»Vorzeigeprojekt des modernen Wohnungsbaus«) bis zu kategorischer Ablehnung (»Menschen im Experiment«) reicht. Im Rahmen dieses Buchs ist das MV ein eminentes Beispiel für die Neigung der Politik, urbane Probleme in den Stadtrand zu schieben. Es ist aber auch ein hoffnungsvolles Exempel für die schrittweise Entschärfung problematischer Randobjekte durch kontinuierliche Nachbesserung.

Fragt sich zunächst, was eine Persönlichkeit wie Willy Brandt, der für Verhandlungs- und Kompromissbereitschaft bekannt war, zu solch verbaler und faktischer Radikalität trieb. Um 1960 wurde der städteplanerische Konsens von der »geglie-

Vom Norden gesehen steigt das MV mit einer Wand scheinbar dicht geschlossener Wohngebäude abrupt aus den Fluren auf und erweckt Assoziationen an eine Wohn-, Trutz- oder Zwingburg.

Der Wilhelmsruher Damm ist die zentrale Achse des MVs und gewinnt durch eine dichte Platanenbepflanzung und einen häufig sehr dichten Verkehr einen Hauch von urbaner Flaniermeile.

derten und aufgelockerten Stadt«[30], der die Baupolitik in Berlin und Westdeutschland seit 1945 bestimmt hatte, durch die Devise »Urbanität durch Dichte« abgelöst[31]. Statt das »gesunde« kleinstädtische Leben weiterhin zu loben, wurde nun geltend gemacht, dass der Mensch nicht nur Luft und

Die Wohnhausgruppe 907 der Architekten Gagès, Theißen und Weber, auch als „Langer Jammer" bekannt, säumt den Wilhelmsruher Damm als ein zusammenhängender Block von 700 Metern Länge und bis zu 18 Stockwerken Höhe. Mit knapp 1000 Wohnungen war er zur Zeit seiner Entstehung das größte Wohngebäude Europas.

Licht brauche, sondern auch vielfältige soziale Kontakte, wie sie nur das verdichtete, urbane Milieu bieten könne. Zudem stand Berlin in Zeiten des »Chruschtschow-Ultimatums« (1958-1962), des Mauerbaus (1961) und der Kubakrise (1962) unter enormem politischen Druck, dem es ostentativ ein Zeichen des Wiederstands und Optimismus entgegensetzen wollte. Schließlich waren mit den Programmen des sozialen Wohnungsbaus auch riesige finanzielle Interessen verbunden. Von 1950 bis 1970 wurden in West-Berlin etwa 36,6 Milliarden Mark in den sozialen Wohnungsbau investiert[32]. Die Mittel stammten ausschließlich aus externen Quellen wie Marshall-Plan, Notopfer Berlin und Berlinhilfe und dienten vornehmlich dazu, West-Berlin im Rahmen des Kalten Kriegs zum »Schaufenster des Westens« aufzurüsten. Die Regierenden hatten also viele Gründe, gigantische Wohnbauprojekte voranzutreiben.

Das Märkische Viertel[33] (MV) befindet sich im Norden Berlins und grenzt dort an den Ost-Berliner Stadtteil Pankow, lag also

Der Lange Jammer erinnert durch markante Konturen, betont serielle Bauweise und schiere Größe daran, dass er von Corbusierschülern errichtet wurde.

von 1961 bis 1989 in Sichtweite der DDR-Prominenz, die vielfach in Pankow wohnte. Auf dem etwa drei Quadratkilometer großen Areal – früher ein Teil der Gemarkung Rosenthal – hatte sich nach dem Ersten Weltkrieg eine »wilde« Kolonie von Wohnlauben und Notunterkünften gebildet, die nach dem Zweiten Weltkrieg nochmals Zulauf erhielt. 1959 »bewies« der Berliner Bausenat mit einem Gutachten, dass die Kolonie nicht saniert werden könne, sondern von Grund auf erneuert werden müsse[34]. Daraufhin wurde die stadteigene Wohnungsbaugesellschaft GESOBAU beauftragt das Gelände zu kaufen und für den Neubau von Wohnungen »freizumachen«. Das geschah denn auch gegen den ebenso erbitterten wie erfolglosen Widerstand der Bewohner. So erhielten im April 1962 drei Architekten – der Stadtbaudirektor Werner Düttmann und die Büropartner Georg Heinrichs und Christian Müller – vom Berliner Bausenator Rolf Schwedler den Auftrag, einen Gesamtplan für eine Großsiedlung zu erarbeiten.

Das Düttmann-Heinrichs-Müller-Team war entschlossen, etwas vollkommen Neues zu schaffen, keine Gartenstadt, auch kein zweites Hansaviertel, sondern einen modernen Stadtteil internationalen Niveaus mit Wohngebäuden, die »Gebirgszügen« gleich die Landschaft durchziehen. »Die Brutalität, mit der wir da Lyrik gemacht haben« sei einmalig gewesen, gab Düttmann später zu Protokoll[35]. Der Gesamtplan, den das Team in nur sechs Wochen schuf, sah vor, das etwa fünfeckige Gebiet von einer Hauptachse, dem Wilhelmsruher Damm, in west-östlicher Richtung schnurgerade durchqueren zu lassen. Um den westlichen Teil des Wilhelmsruher Damms sollte sich ein breites, mit Wohnhausgruppen (WHG) bebautes Band legen, das sich aber im östlichen Teil des MVs vom Wilhelmsruher Damm löst und schleifenartig nach Norden ausschwingt, und dabei ein wei-

Bei den Gebäuden des MV beträgt der Weg zwischen Stadt und Land zuweilen nur eine Etagenbreite. Auf der Abbildung ist die städtische Westfront der Wohnhausgruppe 911 der Architekten Heinrichs und Müller zu sehen.

Die Ostfront der Wohnhausgruppe 911 macht hingegen einen parkähnlichen, wenn nicht ländlich Eindruck.

tes Areal mit Kindergärten, Schulen und Jugendzentren umschließt. Im östlichen und südlichen Teil des MV hingegen sollte genügend Platz für teils schon vorhandene, teils neu zu errichtende Einfamilienhäuser gelassen werden. Zur Ausführung des Plans wurde vorgeschlagen, eine Schar vorwiegend junger, aufstrebender Architekten zu bestellen und ihr große Freiheiten bei der Planung von Gebäuden für 60.000 Bewohner zu lassen, obwohl das knappe Budget des sozialen Wohnungsbaus eine serielle Plattenbauweise zwingend notwendig machte. Der Plan wurde im Oktober 1962 vom Berliner Bausenat abgesegnet. Baubeginn war im Juli 1963, die ersten Mieter zogen im August 1964 ein, und die letzten Wohnungen wurden im Februar 1974 fertiggestellt.

Folgt man dem so entstandenen WHG-Band von seinem westlichen Begin am S-Bahnhof Wittenau nach Osten, stößt man auf Wohnhausgruppen folgender Architekten: Herbert Stranz, Rudolph Plarre, Oswald Ungers, Karl Fleig, Ludwig Leo, René Gagès, Volker Theißen, Werner Weber, Ernst Giesel, Georg Heinrichs, Hans Müller, Atra Zarina, Shardrach Woods, Jo Zimmermann, Peter Pfankuch, Heinz Schudnagies und Chen Kuen Lee. Die Anzahl der von diesen Architekten gebauten Wohnungen und ihre Besonderheiten sind in der Tabelle auf Seite 56 zusammengefasst. Insgesamt lässt sich feststellen, dass die Bauhöhe vom westlichen Beginn des WHG-Bandes zum Zentrum von etwa 8 auf 18 Geschosse ansteigt. In der nördlichen Schleife fällt die Bauhöhe zunächst etwas ab, um sich gegen Ende wieder auf 18 Stockwerke zu steigern. Am Anfang der Schleife finden sich mehr lineare, wenn auch stark gegliederte Bauten, gegen Ende lösen sich die linearen Formen in Hexagons und Kreise auf.

In einer »Zwischenbilanz« äußerten sich 1967 einige der beteiligten Architekten zu ihren Intentionen beim Bau des MV. Dabei ließ Herbert Stranz verlauten: »Architektur ist tot. Wir wollen Blumen und Märchen bauen, Türme des Lesabendio. Mehr Beatles, weniger Griechen. Es gibt keine formalen Entscheidungen mehr. Die Maximalhöhe war städtebaulich vorgeschrieben, der Rest ist angewandte Sonne.«, und weiter: »Individualismus der Einzelwohnungen im Arrangement, durch Staffelung und Farbe betont: Das ist Demokratie.«

Bei der atemberaubenden Geschwindigkeit, mit der das MV geplant und hochgezogen wurde, waren Fehler unvermeidbar. Umfang und Schwere der tatsächlich unterlaufenen Fehler waren aber so groß, dass schon bald nach der Fertigstellung der ersten Wohnungen Problemen ungeahnten

Über das Seggeluchbecken hinweg sieht man auf das vielleicht schönste Gebäude des MV, die Wohnbaugruppe 915. Sie wurde von dem Architekten Chen Kuen Lee geplant, der als Praktikant von Bruno Taut und Meisterschüler von Hans Scharoun ein Vertreter der »Organischen Architektur« war. Nach internationaler Karriere verarmte Lee und lebte bis zu seinem Tod von Sozialhilfe in einer 2-Zimmerwohnung »seiner« Wohnbaugruppe.

Ausmaßes auftraten. Die Grundvoraussetzung aller vorangehenden Siedlungsgründungen in Berliner Rand, eine gute Anbindung an das Eisenbahn-, Stadtbahn- oder/und U-Bahnnetz, wurde schlicht vergessen und ist bis heute, trotz eines entsprechenden Beschlusses des Bausenats im Mai 1970, nicht nachgeholt worden. Die projektierte Einwohnerzahl des MV entsprach der einer veritablen Kleinstadt. Aber städtische Einrichtungen wie Krankenhäuser und Friedhöfe wurden ebenfalls vergessen. Am Gravierendsten aber erwies sich die Fehleinschätzung der Mieterzusammensetzung. Bei der Planung der Wohnungsgrößen war davon ausgegangen worden, dass die Mieterzusammensetzung dem Berliner Durchschnitt entsprechen würden. Tatsächlich aber war das MV ja gerade als Ersatz für die Mieter vorgesehen, die zuvor in den Notunterkünften Wilhelmruhs oder den Sanierungsgebiete in Wedding, Kreuzberg und Neukölln gewohnt hatten. Diese Mieter hatten im Schnitt doppelt so viele Kinder wie die Berliner insgesamt. Das führte zu einer groben Unterdimensionierung aller Sozialeinrichtungen. Zum Beispiel standen 1969 vier Kindertagesstätten mit 494 Plätzen bei 1.000 Vormerkungen zur Verfügung. Nötig gewesen wären mindesten 18 Kindertagesstätten, wie sie heute – trotz Halbierung der ursprünglich geplanten Mieterzahl – bestehen. Hinzu kam, dass der Umzug ins MV für die sogenannten »Umsetzmieter« mit einer Mietsteigerung von durchschnittlich 200 Prozent ver-

In der Wohnhausgruppe 914 des Architekten Heinz Schudnagies wuchs Paul Würdig, genannt Sido, auf. Ein Video mit seinem Rap »Mein Block«, das die »heile Welt« des MV erschütterte, wurde 2003 auf dem obersten Flurbalkon des Hauses Nr. 66 gedreht.

Der Eingang von Sidos Block.

Der Flur zu Sidos Wohnung.

bunden war. Folglich mussten nach dem Umzug beide Eltern voll arbeiten, wodurch das Kinderbetreuungsproblem verschärft wurde. Ähnliches galt für Schulen, Jugendzentren und Sporteinrichtungen.

Die Mieter reagierten darauf mit Protest und Selbsthilfegruppen. Einer breiten, weit über Berlin hinausreichenden Öffentlichkeit aber wurden die Zustände im MV erst durch die Studentenbewegung der 1968er-Jahre bekannt gemacht. Studenten und junge Architekten veranstalteten 1968 in Räumen der Technischen Universität eine »Anti-Bauwoche«, bei der offizielle Darstellungen des Berliner Bausenats mit Äußerungen von MV-Mietern konfrontiert wurden. Das MV wurde als Musterfall einer städtebaulichen Fehlplanung dargestellt und die zwangsweise, unnötig kostspielige Umsetzung von Mietern aus Sanierungsgebieten bemängelt. Auch wurde darauf verwiesen, dass erst die Vergünstigungen des Berlinhilfe-Gesetzes von 1964 zu abstrusen Bauprojekten und wilden Spekulationen geführt hatten. Die Kritik wurde von Publikationen wie »Die Zeit«[36] und »Der Spiegel«[37] aufgenommen und war entscheidend für das bis heute bestehende Negativbild des MV. In den Folgejahren klang die Aufregung um das MV ab. Maßgeblich dafür waren die wiederholten, umfangreichen Nachbesserungsarbeiten. So wurde in den 1980er-Jahren die farbliche Gestaltung das Fassaden erneuert, Hauseingänge und Sockelzonen überarbeitet, Grünflächen vergrößert, Mietergärten, Spiel- und Sportflächen angelegt. Ab 2008 erfolgte eine durchgreifendende energetische Sanierung, die 2015 abgeschlossen werden konnte.

Blick vom Flurbalkon des 17. Stocks, auf dem Sidos Video »Mein Block« entstand, auf den Hof der Wohngebäudegruppe 914.

Trotzdem geriet das MV 2013 noch einmal in das Schlaglicht der Öffentlichkeit. Unverhofft erschien ein Musikvideo namens »Mein Block«, in dem der Rapper Sido (Paul Würdig) das MV in wirkungsvoller und überaus drastischer Manier als Brutstätte von Kriminalität, Drogenkonsum und Prostitution darstellt. Die Berliner Medien waren sich sogleich einig, dass der Rap nur eine Show ohne Substanz sein konnte. Aufsehen, weite Verbreitung und enorme, bis heute anhaltende Popularität ließen sich dennoch nicht verhindern[38].

Zurzeit leben etwa 36.000 Menschen im MV, also 60 Prozent der anfangs projektierten Belegung[39]. Es gibt 18 Kindertagesstätten, 11 Schulen und 272 Spielplätze. Die Miete beträgt durchschnittlich 7,61 Euro/m^2 und liegt damit etwa ein Drittel unter dem örtlichen Durchschnitt. Die Leerstandsquote der Wohnungen liegt unter zwei Prozent und die durchschnittliche Mietdauer bei 21 Jahren. Die Hälfte der Bewohner hat einen Migrationshintergrund, ein Viertel bezieht Sozialhilfe. Dass die Lage trotz aller Verbesserungen weiterhin prekär ist, lässt sich schon daran erkennen, dass die Positivpropaganda der Stadtbauverwaltung unvermindert anhält. In einer Art Realitätsverlust feiert sie weiterhin die Kahlschlagpolitik der 1960er-Jahre und lobt das MV als Vorzeigeprojekt der modernen Architektur. Aber würde man es heute noch wagen, eine Retortenstadt für 60.000 Einwohner zu errichten? Und wer kann noch glauben, dass Urbanität durch eine von oben verordnete Verdichtung erzeugt werden kann? Das MV wird man deshalb, obwohl nur 50 Jahre alt, als Dinosaurier der Städteplanung abschreiben müssen.

WHG Nr.	Architekt(en)	Zahl der Wohnungen	Stock-werke	Eigenschaften
905	Herbert Stranz	634		Vielfältig gestaffelte Baukette, 21 Wohnungstypen
904	Rudolf Plarre	382		Markante, ineinanderfließende Hofräume
908, 909, 913	Oswald Ungers	1449		Rational-funktionalistisch mit Freiraum für Läden, Büros
903	Karl Fleig	283		600 m lange Zeile, ursprüngliches Farbkonzept von Rüdiger Utz Kampmann, danach als »Papageiensiedlung« bezeichnet
906	Ludwig Leo	351	5-16	Starke Zunahme der Geschosszahl nach Osten hin, Brücke über Wilhelmsruher Damm (Postbrücke)
907	René Gagès, Volker Theißen, Werner Weber	977	Bis 18	700 m langer Block, bei Errichtung größtes Wohnhaus Europas, Nordseite kleine, Südseite große Fenster und Balkons, viele Wohnungstypen von 36–106 qm
910	Ernst Gisel	1748	7-16	Ausrichtung Gebäudeachsen in nord-südlicher Richtung, Abfall der Bauhöhe nach Norden und Osten, Wechsel von scheiben- und punktartigen Häusern, Wohnungen für das Zusammenleben verschieden Generationen, Maisonettewohnungen in den obersten Stockwerken
911, 912, 922	Georg Heinrichs, Hans Müller	2607		Seitlich angesetzte Treppen- und Fahrstuhltürme, Dachaufbauten mit Ateliers
916	Astra Zarina	1148		Langgestreckt und abgewinkelt
918	Shadrach Woods	824	10	Wabenartig, mit zwei ineinander übergehenden Höfen
919	Jo Zimmermann	499	5-10	Fast geschlossener Innenhof
mAX	Peter Pfankuch	588		Zwei gegenüberliegende Gebäudeschlangen
914	Heinz Schudnagies	980		Länge der Bautrakte durch Krümmung optisch reduziert, Sidos Block
915	Chen Kuen Lee	824	9-18	Grundriss und Fassaden eigenwillig geschnitten, »Entenfüße« mit großen Wohnungen

Tegeler Fließ: Postglaziale Auenlandschaft

Ein Fußweg von weniger als einer halben Stunde genügt, um vom Märkischen Viertel zum Tegeler Fließ zu gelangen. Bei aller Kürze hat der Weg etwas Magisches, versetzt er doch den Passanten aus einer Betonwüste in eine märkische Urlandschaft. Dabei ist das Tegeler Fließ nur ein schmaler Bach, der sich vom mittleren Barnim einen Weg zum Tegeler See sucht. Von der Stelle aber, an der es die Berliner Stadtgrenze erreicht, bildet es ein breites, mit Mooren und Feuchtwiesen üppig gefülltes Auental, das seinesgleichen im Berliner Raum sucht und in Hinsicht auf Ursprünglichkeit und Vielfalt den großen Flussmooren Osteuropas vergleichbar sein soll. Am Tegeler Fließ lässt sich gut studieren, welch starke Kräfte eine Metropole auf die Naturlandschaften ihres Rands ausübt. Es dient deshalb auch als Referenz für andere Fließgewässer des Berliner Rands.

Eigentliches Leitmotiv des Tegeler Fließes aber ist das Wasser, wobei die hydrologische Spanne von extrem trocken Dünen bis zu großen Seen reicht. Um dies zu veranschaulichen, sind die in der folgenden Fotosequenz gezeigten Abschnitte des Fließes nach ihrem steigendem Feuchtigkeitsgrad angeordnet.

Wie die Berliner Landschaft insgesamt ist auch das Tegeler Fließ erst am Ende der letzten Kaltzeit vor etwa 14.000 Jahren geformt worden[40]. Es bildete sich beim Rückzug der Gletscher vom Barnim, als große Mengen von Schmelzwasser anfielen und sich einen Weg zum Urstromtal

Auf der nördlichen Seite des Tegeler Fließes befindet sich eine große Binnendüne, die nach der letzten Kaltzeit aus Flugsand aufgeweht wurde und auf der Feuchtigkeitsskala des Fließtals den untersten Platz einnimmt.

Auf der südlichen Seite des Tegeler Fließes bei Lübars finden sich ausgedehnte Felder. Der Boden ist fruchtbar aber relativ trocken.

bahnten. Der Wasserreichtum generierte ein breites aber flaches Tal. Nach dem Abtauen der Gletscher wurde das nun »überdimensionierte« Tal von Toteisblöcken und aufgewehten Dünen teilweise verlegt, so dass eine, durch das Fließ verbundene, Seenkette entstand. Die zurückkehrende Vegetation bewirkte schließlich eine mehr oder weniger vollständige Verlandung der Seenkette und das Aufwachsen ausgedehnter, fast ebener Moorflächen. Die weitere Entwicklung des Fließtals wurde stark von den Aktivitäten der Menschen beeinflusst, die schon sporadisch in Stein- und Bronzezeit einsetzten. In geschichtlichen Zeiten war die Gründung mehrerer Dörfer am Rande des Tegeler Fließes wie Mönchmühle (1242), Woltersdorf (1242), Lübars (1247), Blankenfelde (1284), Basdorf (1302), Tegel (1322), Hermsdorf (1349), Mühlenbeck (1375), Schildow (1375), Zülsdorf (1375). Die Siedler transformierten die Landschaft einerseits durch das Anlegen von Mühlendämmen in Mönchmühle, Hermsdorf und Tegel und andererseits durch die Trockenlegung von Mooren. Es folgten Tongewinnung und Ziegelherstellung. Im 19. Jahrhundert gab es schwerwiegende Eingriffe durch den Bau von Eisenbahntrassen. Gegen Ende des 19. Jahrhunderts entstanden im Norden und Osten des Tegeler Fließes riesige Areale von Rieselfeldern, deren Drainagen bis 1985 zum großen Teil über das Tegeler Fließ abgeführt wurden. Die Eingemeindung von Lübars, Hermsdorf und Tegel bei der Bildung von Groß-Berlin im Jahr 1920 führte zum weiteren Ausbau der Eisenbahn- und Autowege. Während des Kalten Krieges schließlich wurde das Tegeler Fließ durch die Berliner Mauer von 1961 bis 1989 in zwei Teile zerschnitten. Unter diesen Umständen ist der heutige gute Zustand des Tegeler Fließes besonders bemerkenswert.

Das Tegeler Fließ entspringt aus dem Mühlenbecker See, der etwa fünf Kilometer nördlich der Berliner Stadtgrenze in der ausgedehnten Wald- und Seenlandschaft

Westlich von Lübars wurden große Flächen durch Drainage für die Heuproduktion gewonnen. Trotzdem werden die Flächen häufig vom Fließ überschwemmt.

des mittleren Barnim liegt. Von seinem Entstehungsort aus strebt das Tegeler Fließ nach Süden und trifft dabei schon nach einem Kilometer auf einen Vorboten der Metropole, die Autobahn A10. Nach deren Unterquerung setzt es den Weg als regulierter Bach zwischen den Fluren von Mühlenbeck und Woltersdorf fort. Bei Mönchmühle macht das Tegeler Fließ einen scharfen Knick nach Südwest und beginnt nun, sich mit einem prächtigen Auental zu umgeben, das bis zum Tegeler See durchgehend als Natur- oder Landschaftsschutzgebiet ausgewiesen ist.

Etwas stromab der Mönchmühle trifft das Tegeler Fließ auf das Stadtgebiet Berlins und dient von diesem Punkt an in mehrfacher Weise als Grenzfluss. Zunächst bildet es auf einer Länge von etwa acht Kilometern die Grenze zwischen Berlin und Brandenburg, wobei sich auf Berliner Seite die Stadtteile Pankow und Reinickendorf, auf Brandenburger Seite die Ortschaften Schildow und Glienicke/Nordbahn befinden. Etwa in der Mitte des Abschnitts liegt die Grenze zwischen Reinickendorf und Pankow, die bis 1989 durch die Berliner Mauer verschlossen wurde. Am Eichwerder Steg, dem Verbindungsweg zwischen Lübars und Hermsdorf, trennen sich Tegeler Fließ und Landesgrenze. Das Fließ dient trotzdem weiter der Grenzziehung, nun zwischen Hermsdorf und Lübars, dann Hermsdorf und Waidmannslust, schließlich Hermsdorf und Tegel. Erst auf den letzten zwei Kilometern vor der Mündung verläuft es ganz auf Tegeler Gebiet. Die Fragmentierung des Fließtals in nicht weniger als sieben kommunale Verwaltungsgebiete ist bemerkenswert, weil sie die einheitliche Pflege und Entwicklung des empfindlichen Ökosystems erschwert.

Das Fließtal ist mit mehreren Natur- und Landschaftsschutzgebieten belegt. Der Reigen beginnt auf Pankower Gebiet mit dem Kalktuffgelände, in dem kalkhaltige Quellen eine besonders reichhaltige, mit Prachtnelken, Wiesenorchideen,

In vielen Teilen des Fließtals wurde das Moor trockengelegt, um Wiesen anzulegen. Längst aber wurde die landwirtschaftliche Nutzung wieder aufgegeben. Die ehemalige Moorlandschaft wird nun von Büschen und Bäumen überwuchert.

Im Landschaftsschutzgebiet Eichwerder Moorwiesen gab es noch bis vor Kurzem landwirtschaftlich genutzte Wiesen. Durch gezielte Renaturierungsmaßnahmen konnte die Bodenfeuchtigkeit aber gesteigert und die Moorvegetation zurückgewonnen werden.

Sumpfdotterblumen und anderen seltenen Moorgewächsen angereicherte Vegetation hervorbrachten. Der Abschnitt wird abrupt von der Schildower Straße (Bundesstraße B96a) beendet, die das Tal durchschneidet und das Fließ in einen engen Durchlass zwingt.

Westlich der B96a jedoch kann sich das Tegeler Fließ erst einmal ausbreiten und bekommt über eine beträchtliche Strecke hin freien Lauf. Auf dem ersten Teil dieses Abschnitts wurde vormals Kies und Torf gewonnen. Nach Erschöpfung der Vorkommen wurden die Kiesgruben als Müllkippe verwendet, der Torfabstich aber lief mit Grundwasser voll und bildete den großen, seltsam gelappten Köppchensee. Im Schatten der Berliner Mauer eroberte die Natur das 60 Hektar große Gebiet zurück und ließ es zu einem Tummelplatz seltener Insekten-, Vögel- und Kleintierarten werden, der 1995 zum Naturschutzgebiet »Niedermoorwiesen« erklärt wurde. Am Westrand des Gebiets verlief bis 1989 die Grenze zwischen Ost- und West-Berlin quer durch das Fließtal. Kleine Reste einer Flußsperre sind bis heute erhalten, Mauer und Mauerstreifen hingegen zur Gänze abgetragen, so dass das Fließtal kontinuierlich in sein nächstes Schutzgebiet, die »Eichwerder Moorwiesen«, übergehen kann. Dieses große, den nördlichen Teil des Fließtals einnehmende Gebiet[41] wurde bis in die 1960er-Jahre landwirtschaftlich genutzt und zu diesem Zweck mit einem dichten System von Entwässerungsgräben durchzogen, die den Torf zusammenfallen ließen. In den letzten Jahren konnte das Gebiet aber durch den Verschluss von Entwässerungsgräben, die Entfernung von Schilfen und Sträuchern sowie die Ansiedlung moorspezifischer Pflanzen renaturiert werden. Außerdem wurde der Eichwerder Steg zum Naturlehrpfad ausgebaut und weitere Stege neu angelegt. Auf der südlichen Seite des Fließes wird das Tal hier aber weiterhin von Lübars aus landwirtschaftlich genutzt.

Auf dem weiteren Weg zum Tegeler See gerät das Fließ nun in immer dichter bebaute Regionen. Zunächst erweitert es sich zu einem schönen See, der dem Südosten des alten Ortskerns von Hermsdorf wie eine Sichel anliegt. Alte Karten

Erst 1927 konnten Hermsdorf und Lübars erstmals mit einem, quer durch das Fließtal führenden Weg verbunden werden. Die Konstruktion war aber anfällig gegen Unterspülung und Überflutung und wurde erst 1956 durch einen festen, dauerhaften Steg ersetzt und 2003 zum Naturlehrpfad ausgebaut.

und geologische Befunde zeigen[42], dass sich die Ausdehnung des Hermsdorfer Sees im Laufe der Jahrhunderte durch menschliche Einflüsse dramatisch verändert hat. Im Kartenwerk des preußischen Offiziers Friedrich Wilhelm Karl Graf von Schmettau ist zu erkennen, dass der See 1770 von Lübars im Osten bis zum Oraniendamm im Westen reichte und etwa die zehnfache Fläche des heutigen Sees besaß. Das alte Hermsdorf ragte damals mit seinen, heute noch als die »Inseln« bezeichneten Teilen Kleiner und Großer Werder in den See hinein.

Um unter dem Oraniendamm und der S-Bahntrasse hindurchgleiten zu können, muss das Tegeler Fließ wiederum sein Tal abstreifen, kann es aber anschließend sofort wieder aufbauen und sogar ein besonders schönes Auental ausbilden, obwohl es nun dicht von Hermsdorfer, Waidmannsluster und Tegeler Siedlungen umlagert wird. Schließlich muss es auch noch unter der Autobahn A111 hindurchschlüpfen, um dann in ehemals hochindustrialisiertem Milieu zusammen mit dem Tegeler Hafenbecken in den Tegeler See zu münden.

Das Tegeler Fließ bildet viele natürliche Wasserflächen. Auf dem Bild ist aber der Köppchensee zu sehen, der seine seltsame, gelappte Form der Entstehung aus einem großen Torfstich verdankt.

Die größte, vom Tegeler Fließ gebildete Wasserfläche ist der Hermsdorfer See. Obwohl er in den letzten 200 Jahren durch Entwässerung und Tonabbau auf ein Zehntel seiner ursprünglichen Größe schrumpfte, nimmt er noch immer den obersten Rang in der Feuchtigkeitsskala des Tegeler Fließes ein.

9 Hobrechtsfelde: 100 Jahre Rieselwirtschaft

Hobrechtsfelde, eine Ansiedlung mit 150 Einwohnern, liegt nördlich der Berliner Stadtgrenze in einer eigenartigen Steppenlandschaft, die durch ein charakteristisches, rechtwinkliges Muster aus Wegen, Dämmen und Gräben und magerer Vegetation gekennzeichnet ist. Diese Landschaft ist das Produkt einer der größten und folgenreichsten Baumaßnahme, die Berlin je durchgeführt hat, der Einrichtung eines Kanalisationssystems. Ab 1873 wurden alle Häuser Berlins mit einem unterirdischen Röhrensystem verbunden, das die Abwässer der Stadt sammelte und mittels kilometerlanger Druckleitungen an den Berliner Rand transportierte, wo sie auf Rieselfeldern von enormen Ausmaßen verteilt und geklärt wurden. Die Installation des Rieselfeldsystems ist ein weiteres Beispiel für den Einfluss, den das Stadtzentrum bei der Lösung seiner Probleme auf die Peripherie ausübt. In diesem Fall war der metropolitane Druck so enorm, dass er – hierin einem glazialen Eispanzer ähnelnd – weite Landstriche überfuhr und ihre Topographie umgestaltete. Die Rieselfeldperiode konnte erst in den 1980er-Jahren durch technologische Fortschritte bei der Abwasseraufreinigung beendet werden. Jedoch wirkt die einhundertjährige Belastung des Bodens mit anorganischen und organischen Schadstoffen fort und klingt nur sehr langsam ab.

In Berlin gab es Mitte des 19. Jahrhunderts keine zentrale Abwasserentsorgung[43]. Die Abwässer wurden vielmehr in Tausenden von Abtrittsgruben, die meist in den Innenhöfen der Mietshäuser in unmit-

Das Hauptportal des Guts Hobrechtsfelde ist eins der wenigen, im Originalzustand erhaltenen Bauwerke des ehemaligen Rieselguts.

Der Kornspeicher des Rieselguts Hobrechtsfelde galt nach Erbauung 1908 als hochmodern. In ihm waren Prozesse wie Dreschen, Reinigen, Trocknen, Speichern und Wiegen vollständig automatisiert.

telbarer Nachbarschaft zu den Brunnen gelegen waren, gesammelt und unregelmäßig abgefahren. Dabei gelangte Unrat auch auf die Straßen und sammelte sich in den, einen halben Meter tiefen Gräben zwischen Fahrdamm und Bürgersteig an. Die katastrophalen hygienischen Verhältnisse führten wiederholt zu Typhus- und Choleraepidemien, besonders als die Einwohnerzahl in der zweiten Hälfte des 19. Jahrhunderts explosionsartig anstieg. Der Zusammenhang zwischen Hygiene und Infektionskrankheiten war aber zu jener Zeit noch nicht bewiesen. Handfeste epidemiologische Statistiken gab es nicht, Robert Koch identifizierte den Erreger der Cholera erst 1883.

Es ist das große Verdienst Rudolf Virchows, in dieser unübersichtlichen Lage die Zeichen der Zeit richtig gelesen und die sich daraus ergebenden Forderungen mit unermüdlichem Einsatz durchgesetzt zu haben[44]. Virchow, der 1821 als Sohn eines Landwirts in Pommern geboren wurde und 1902 in Berlin starb, ist als einer der großen Naturforscher und Ärzte des 19. Jahrhunderts in die Geschichte eingegangen. Seine Beiträge zur Zelltheorie und die Begründung der Zellularpathologie haben bis heute Geltung. Virchow hatte aber noch eine zweite, sozialpolitische Ader. Als junger Mann beteiligte er sich an den Barrikadenkämpfen der Märzrevolution von 1848/49, verlor daraufhin seine Stelle an der Charité, wurde aber 1856 zurückberufen. Die kommunalhygienischen Probleme der Stadt erregten fortan sein Interesse und Mitgefühl. Um für seine Ziele kämpfen zu können, ließ er sich erst ins Stadtparlament wählen. 1861 gründete er die Deutsche Fortschrittspartei und zog als deren Abgeordneter in den Preußischen Landtag ein. 1867 setzte er durch, dass die Berliner Stadtverwaltung eine Kommission zur Verbesserung der hygienischen Verhältnisse in Berlin einsetzte. Unter Virchows Leitung wertete die Kommission zunächst die in-

Eine 60 Kilometer lange Schmalspurbahn verband Hobrechtsfelde seit 1906 mit anderen Stadtgütern Berlins. Transportiert wurden Kartoffeln, Rüben, Heu, Getreide, Futter und Dung. Der Antrieb erfolgte ausschließlich durch Pferde. Das Bild zeigt eines der wenigen Relikte der Bahn, eine Weiche.

ternationale Datenlage aus und ließ experimentell prüfen, ob Abwässer mit Hilfe des märkischen Bodens effektiv gereinigt werden können. Dann schlug sie vor, Berlin mit einer zentralen, aus drei Komponenten bestehenden Abwasserentsorgung auszustatten: Ein unterirdisches Kanalisationssystem sollte für die komplette und sichere Sammlung der Abwässer in der Stadt sorgen, ein System von langen Druckleitung die Abwässer aus der Stadt an den Stadtrand befördern und ein Netz von weit außerhalb der Stadt gelegenen Rieselfeldern die Reinigung des Abwassers und gleichzeitig die landwirtschaftliche Verwertung der Rückstände gewährleisten.

Mit der Ausarbeitung eines detaillierten Plans wurde James Hobrecht beauftragt, der 1859 als »Kommissarius zur Ausarbeitung der Bebauungspläne für die Umgebung Berlins« in die Dienste der Stadt eingetreten war, 1866 in der Schrift »Über öffentliche Gesundheitspflege« heftige Kritik an den hygienischen Verhältnissen in Berlin geübt hatte und 1872 zum »Chefingenieur der Kanalisation« bestellt wurde. Hobrecht begann sofort damit, sein berühmtes »Radialsystem« zu entwerfen. Es sah vor, Berlin in zwölf unabhängige Entwässerungsgebiete aufzuteilen, wobei die Gebiete nach topographischen Gesichtspunkten so gewählt waren, dass Abwässer über Tonrohrleitungen, Nebensammler, Hauptsammler und Stammkanäle zu den jeweils tiefstliegenden Punkten der Gebiete spontan abfließen konnten. An den tiefstliegenden Punkten waren leistungsfähige, mit Dampfkraft betriebene Pumpenwerke vorgesehen, die das Abwasser durch große, viele Kilometer lange Druckleitungen in die Peripherie drückten. Dort sollte es in Absetzbecken vorgeklärt und dann zum Versickern auf Rieselfelder geleitet werden. Um beim Versickern den erforderlichen großen Durchsatz erzielen zu können, war ein dichtes Netz von Drainagen geplant, die das von den Rieselfeldern gefilterte Wasser

Die schwere Kontaminierung der Rieselfelder mit Schwermetallen und organischen Schadstoffen wurde erst Anfang der 1990er-Jahre erkannt. Erhaltene Rieselfelder – kenntlich an der rechteckigen Form und der Begrenzung mit niedrigen Erdwällen – sind bis heute fast baumlos geblieben. Wo die Bewaldung Fuß fassen konnte (Hintergrund), ist sie niedrig und schütter. An Ausmaß und Verteilung der Kontamination hat sich wahrscheinlich seit der Stilllegung der Rieselfelder wenig geändert.

Die Wege zwischen den Rieselfeldern sind schnurgerade, ihre Ränder waren einst dicht mit Obstbäumen bepflanzt.

sammeln und über Gräben an nahgelegene natürliche Fließgewässer weiterleiten sollten.

Die Stadtverordnetenversammlung genehmigte den Hobrechtplan am 6. März 1873 und machte damit den Weg frei für eines der bedeutendsten – und zugleich am gründlichsten aus dem kollektiven Bewusstsein verdrängten – Bauprojekt in der Geschichte Berlins. Als erstes entstand das Radialsystem III. Hierfür errichtete man am Halleschen Ufer ein Pumpenwerk, das aus Sandfang, Maschinenhaus, Kesselhaus, Beamtenhaus und Remise bestand. Gleichzeitig wurde ein unterirdisches Kanalisationssystem gebaut, das die Häuser und Fabriken in dem damals am dichtesten besiedelten Gebieten Berlins – Friedrichstadt, Dorotheenstadt, Cölln und Tiergarten – mit dem Pumpenwerk verband. Das Pumpenwerk erhielt eine gusseiserne Druckleitung, die einen Durchmesser von bis zu zwei Metern hatte und 14 Kilometer weit nach Süden führte. Dort, in Osdorf auf dem Teltow, bereitete man zur gleichen Zeit ausgedehnte Fluren für den Rieselfeldbetrieb vor. Das System konnte bereits nach drei Jahren, am 1. Januar 1876, in Betrieb genommen werden. Bis 1879 wurden zehn weitere Teile des Radialsystems vollendet, der letzte 1909. Gleichzeitig entstand ein Ring von Rieselgütern um Berlin. Dem Gut in Os-

Die Rieselwärter, die für die Verteilung der Abwässer auf die Felder zuständig waren, konnten sich bei schlechtem Wetter in kleine Hütten zurückziehen, von denen nur eine einzige erhalten ist.

Schieber, einfache Vorrichtungen zur Verteilung der Abwässer auf die Rieselfelder, sind im Gegensatz zu allen anderen Komponenten der Rieselfeldtechnik massenweise erhalten.

dorf folgten Güter in Malchow (1984), Falkenberg (1884), Hellersdorf (1886), Waßmannsdorf (1890), Sputendorf (1890), Karolinenhöhe (1890) und Großbeeren (1893). Der größte zusammenhängende Komplex von Rieselgütern wurde im Nordosten Berlins eingerichtet und umfasste neben dem Gut in Hobrechtsfelde die in Buch, Blankenfelde, Schönerlinde und Mühlenbeck. Die Berliner Rieselgüter hatten damit eine Gesamtfläche von 250 Quadratkilometern, äquivalent zu einem Quadrat von etwa 16 Kilometer Seitenlänge. Etwa die Hälfte dieser Fläche bestand aus Rieselfeldern, die andere Hälfte aus Agrarflächen, Speichern, Wohnhäusern und Wegen.

Das Rieselgut Hobrechtsfelde entstand 1906 auf einem Gebiet, das die Stadt Berlin seit 1898 von den Gemarkungen Zepernick, Bernau, Schönerlinde und Schönow Stück für Stück erworben hatte. Zusammen mit dem Rieselgut errichtete man Arbeiterwohnungen, eine Baracke für Saisonarbeiter, ein Gemeinschaftshaus und eine Schule. Ein regelrechtes Dorf entstand aber nicht. Das Gut galt anfangs als »Vorwerk«, erhielt aber 1908, Hobrecht zu Ehren, den noch heute gültigen Namen. Das Gut diente vorwiegend der Versorgung der Krankenhäuser in Buch mit Fleisch und Milchprodukten. Außerdem betrieb es eine Sägewerk und eine Tischlerei. Die Zahl der Beschäftigten lag in Blütezeiten bei rund 300.

Bei der Reinigung von Abwässern auf Rieselfeldern hat der Boden zwei Haupt-

Die Innenansicht eines Schiebers offenbart seinen simplen Mechanismus.

funktionen[43]. Einerseits wirkt er als Filter, der kleine Partikel durchlässt und größere abfängt, wobei Ausschlussgrenzen und Durchsatzkapazitäten von der Korngröße des Bodens abhängen. Für diese Aufgabe war der märkische Sandboden besonders gut geeignet. Andererseits kann der Boden Schadstoffe durch chemische Austauschprozesse binden. Die Bindung ist aber gewöhnlich reversibel und hängt von vielen Faktoren wie zum Beispiel dem pH-Wert ab, so dass bei einer Änderung der Bedingungen gebundene Stoffe wieder abgegeben werden.

In der Tat veränderten sich die Böden der Rieselfelder im Laufe der Nutzung stark. Anfangs bildeten die durchweg sandigen Böden dicke Humusdecken aus, die die Rieselfelder über viele Jahre hinweg zum Gemüsegarten Berlins machten und sie durch Gras- und Heuproduktion auch zur Grundlage einer florierenden Rinderzucht und Milchproduktion werden ließen. Außerdem gediehen Obstbäume, die auf den Dämmen und Wegen zwischen den Rieselfeldern gepflanzt wurden, so gut, dass sich jedes Rieselgut etwa 10.000 Apfel-, Birnen- und Pflaumenbäume zulegte. Nach längerer Nutzungsdauer und bei steigenden Abwassermengen trat aber eine Überdüngung des Bodens auf, die zu starkem Algenwuchs führte. Bei weiterer Nutzung bildeten Abwasserinhaltsstoffe eine fast luftdichte Kruste auf den Böden,

Reinigungsteiche, die aus einem raffinierten Mosaik von Testflächen, Vorlagebecken, Pflanzenfiltern, Flachwasser- und Tiefwasserzonen, Bruchwald, Schwimminseln und Schwimmgürteln bestehen, dienen der Ausschwemmung von Schadstoffen aus den ehemaligen Rieselfeldern. Das Bild zeigt den »Kleinen Reinigungsteich« westlich von Hobrechtsfelde.

die alles Wachstum unterband. Abhilfe gegen die »Rieselmüdigkeit« verschaffte für mehrere Jahrzehnte das Hacken, Eggen und Pflügen der Böden und schließlich das Tiefpflügen, Kalken und Abtragen oberflächlicher Schichten. Schließlich, in den 1960er-Jahren, lohnte sich die landwirtschaftliche Nutzung trotz aller Bemühungen nicht mehr. Trotzdem konnten die Rieselfelder immer noch zur Wasserreinigung verwendet werden. In Buch zum Beispiel wurden die Felder ab 1967 auf »Intensivfilterbetrieb« umgestellt, was die Bildung großer Becken aus mehreren Rieselfeldern und ihre kontinuierliche Flutung mit Abwasser bedeutete.

Noch während der Einrichtung der Berliner Rieselfelder machte die Technik der Abwasserreinigung große Fortschritte. Schon 1887 wurde in Frankfurt am Main eine Kläranlage in Betrieb genommen, in der das Abwasser in abgeschlossenen Behältern mit mechanischen Mitteln wie feinen Drahtnetzen und Absetzbecken gerei-

Der Lietzengraben, ursprünglich ein natürlicher Bach, war einer der wichtigsten Auffänger des Rieselfeldwassers und entsprechend denaturiert und kontaminiert. Durch Zuleitung von Wasser aus den Reinigungsteichen konnte er sich teilweise erholen.

nigt wurde. Um 1890 folgte die Einführung von Tropfkörpersystemen, die auf der Idee beruhen, die in den Abwässern enthaltenen Mikroorganismen selbst zum Abbau organischer Stoffe heranzuziehen. Es blieb das Problem des Restschlamms, für den sich aber 1910 auch eine Lösung fand: Der Imhoff-Tank schaffte Voraussetzungen, unter denen anaerobe Bakterien das von aeroben Bakterien begonnene Abbauwerk vollenden können. 1930 konnten Tropfkörpersysteme dann durch die viel effektiveren Belebtschlamm-Systeme ersetzt werden, und ab 1960 mit chemische Stufen ergänzt werden, die auch Schwermetalle und hochgiftige organische Stoffe entfernen können. Damit waren Rieselfeldmethoden endgültig obsolet geworden. Dass die Rieselfelder in Berlin um diese Zeit noch immer in Betrieb waren, lässt sich nur mit den Zeitläuften erklären: Der Erste Weltkrieg unterbrach die Modernisierung des deutschen Abwassersystems, in der Weimarer Republik waren die finanziellen Mittel knapp, das nationalsozialistische Regime förderte die Rieselfelder im Sinne der Blut-und-Boden-Ideologie, nach dem Zweiten Weltkrieg standen andere Aufgaben im Vordergrund und danach verhinderte die Spaltung Berlins, dass in die Abwasserreinigung groß investiert wurde. Trotzdem wurden in den 1960er- und 1970er-Jahren viele der Rieselfelder im Osten und Südosten Berlins stillgelegt. Für die nördlichen Rieselfelder kam das Ende erst 1986 mit der Inbetriebnahme des Klärwerks Schönerlinde. Dann allerdings hatte es die DDR eilig, die Erinnerung an die Rieselfelder zu tilgen. Sie wurden in großem Stil umgepflügt, planiert und aufgeforstet, ein – wie sich bald zeigte – übereilter, verhängnisvoller Schritt.

Die Rieselfelder bargen nämlich ein schreckliches, bis heute nicht gelöstes, nicht einmal vollständig ins öffentliche

Um die Rieselfelder als Erholungsgebiet nutzen zu können, wurden neue, »sichere« Wege eingerichtet, die am geschwungenen Lauf und hellem Pflaster zu erkennen sind.

Bewusstsein gedrungenes Geheimnis. Bis in die 1940er-Jahre war die Gesundheitsschädlichkeit von anorganischen Substanzen wie Blei, Cadmium, Kupfer, Zink, Nickel, Chrom und Quecksilber sowie die von organischen Stoffen wie Mineralölkohlenwasserstoffen (MKW), polyzyklischen Aromaten (PAK), polychlorierten Biphenylen (PCB) und Dioxinen unbekannt. Obwohl die Wissenslücken in den 1950er- und 1960er-Jahren zum großen Teil geschlossen werden konnten, dauerte es viele Jahre bis auch Rieselfelder auf Schadstoffe analysiert wurden. Die Rieselböden Berlins aber kamen besonders spät dran, nämlich erst nach der Wiedervereinigung. In den 1990er-Jahren stellte man schließlich fest[43], dass die Rieselböden im Norden Berlins durchweg so stark mit Cadmium, Kupfer und Zink sowie diversen organischen Schadstoff belastet sind, dass sie nach allen gesetzlichen Kriterien in die Klasse der »Altlastenstandorte mit einer Gefährdung von Mensch und Grundwasser« fallen. Die Herkunft der Schadstoffe war relativ leicht auszumachen. Schon bald nach ihrer Einrichtung wurden die Rieselfelder nicht mehr nur mit dem Abwasser von Haushalten, sondern auch von Handwerks- und Industriebetrieben beschickt. 1926 betrug der Anteil ungeklärter industrieller Abwässer im Mittel 12 Prozent, variierte aber von Bezirk zu Bezirk und erreichte in Pankow mit 21 Prozent den höchsten Stand. Wichtig war die Entdeckung, dass die Schadstoffe von organischen Partikeln der Abwässer gebunden und mit ihnen auf den Rieselfeldern verteilt werden. So erklärt sich, dass gerade in der dicken Humusschicht, die sich auf den Rieselfeldern im Lauf des Gebrauchs gebildet hat, die Schadstoffkonzentrationen am höchsten sind. Aus gleichem Grund variiert die Schadstoffkonzentration innerhalb einzelner Rieselfelder und Rie-

Skulpturen an den Rändern der neuen Rieselfeldwege – im Bild das «Recht auf Unvollkommenheit« von Silvia Christine Fohrer – dienen der Qualifizierung ehemaliger Rieselfelder als Erholungsgebiet.

selfeldgalerien: Meist ist sie am Ort der Zuleitung am höchsten, an denen der Weiter- und Ableitung am niedrigsten. Eine weitere Folge der Schadstoffverteilung ist, dass beim Tiefpflügen und Planieren der Rieselfelder oberflächliche Humusschichten in die Tiefe gelangten, wo ein niedriger pH-Wert herrscht und zur Freisetzung von Schadstoffen und deren Eindringen in das Grundwasser führt.

Nachdem die Schadstoffbelastung der ehemaligen Rieselfelder zumindest in Fachkreisen bekannt geworden war, suchte man nach Möglichkeiten der Dekontamination. Ein Verfahren hierfür konnte tatsächlich entwickelt und erfolgreich erprobt werden. Dieses sogenannte »Bucher Verfahren« erfordert aber, dass eine etwa 30 Zentimeter dicke Geschiebemergelschicht in den kontaminierten Boden eingearbeitet wird. Deshalb wird man seine Anwendung wohl auf kleine, umschriebene Gebiete beschränken müssen. So bleibt denn beim derzeitigen Stand von Wissenschaft und Technik nur, die direkte landwirtschaftliche Nutzung der Rieselfelder auf unabsehbare Zeit aufzugeben, die am schwersten kontaminierten Orte unzugänglich zu machen und ansonsten auf die allmähliche Selbstheilung der Böden zu hoffen. Unterstützt werden kann das Abklingen der Kontamination durch reichliche Bewässerung und gezielte Ansiedlung einer widerstandsfähigen Flora. Durch Kalken kann zudem versucht werden, den pH-Wert des Bodens anzuheben und dadurch die Freisetzung von Schwermetallen an das Grundwasser zu verringern.

Für die Nutzung der ehemaligen Rieselfelder im Norden Berlins wurden mehrere Konzepte entwickelt[45]. Ein schon 1994 gemachter, sehr detaillierter Vorschlag der Berliner Forsten sieht eine waldgeprägte Erholungslandschaft mit standortgerechter Aufforstung und umfangreichen Weideflächen vor. Die Senatsverwaltung Berlin, deren Internetdarstellung (2016) die Umweltlage im Bereich der Rieselfelder aus dem Jahr 1992 datiert, entwickelte ein Erprobungs- und Entwicklungsvorhaben, das auf die Stabilisierung des Wasserhaushalts und die Entwicklung zum Naturerlebnis- und Erholungsgebiet setzt. Die Agrar GmbH Gut Hobrechtsfelde propagiert eine extensive Beweidung ihrer Gebiete mit Wildpferden, Hochlandrindern und Wasserbüffeln. Das Kunstprojekt »Steine ohne Grenzen« schickt sich an, die Gegend intensiv mit Skulpturen zu schmücken. Unter allen Aktivitäten stellt einzig eine Audio-Führung, die 2006 von einem Landschaftsbüro im Auftrag der Berliner Senatsverwaltung gefertigt wurde, den Bezug zum historischen Hauptaspekt Hobrechtsfeldes – der über einhundert Jahre währenden Rieselwirtschaft und der damit verbundenen tiefgreifenden Umgestaltung des Bodens und der Landschaft – her. Die im Bundes-Bodenschutzgesetz verankerte Schutzwürdigkeit der natur- und kulturgeschichtlichen Archivfunktion des Bodens geriet hingegen in Vergessenheit.

Buch: Pflege und Forschung im Schatten der Euthanasie

10

Der Berliner Ortsteil Buch liegt unmittelbar an der Stadtgrenze im Nordosten Berlins. Er geht auf eines der zahlreichen, im 13. Jahrhundert von den Askaniern in den östlichen Teilen der Mark Brandenburg gegründet Dörfer zurück. Viele Jahrhunderte hindurch teilte das Dorf Buch das Schicksal benachbarter Ortsgründungen, bis es zu Beginn des 20. Jahrhunderts der dörflichen Sphäre entrissen und in wenigen Jahren in die größte Krankenhausstadt Europas verwandelt wurde. In den 1920er und 1930er-Jahren erlangte es mit der Einrichtung des Kaiser-Wilhelm-Instituts für Hirnforschung sogar weltweite Bedeutung auf dem Gebiet der Neuromedizin. Jedoch nahm das nationalsozialistische Regime ab 1933 starken Einfluss auf die Kliniken und Forschungsinstitute Buchs und verstrickte sie tief in seine von Beginn an zweifelhafte und inhumane, ab Kriegsbeginn 1939 mörderische Euthanasie- und Rassenpolitik. So ist Buch zum Paradigma für die Macht der Metropole geworden, die Objekten in ihrer Umgebung zu Weltgeltung verhelfen, sie aber auch in den Abgrund reißen kann.

Buch wurde 1342 erstmals schriftlich unter dem Namen »Wendeschen Buk« erwähnt und im Landbuch Kaiser Karls IV. von 1375 als »Buch Slavica« geführt[46]. Diese und andere Bezeichnungen wie »Wentzschenbuck«, »Wendischen Buk«, »Bueck slavica« und »Boeck slavica« leiten sich wahrscheinlich vom slawischen »Buckow« (Rotbuchenhain) oder »Buck« (Waldhöhe) ab. Die kleine Ortschaft entwickelte sich im Lauf der Jahrhunderte zu einem typischen märkischen Angerdorf mit Gehöften, Kirche, Pfarrhaus und Gutshof. 1375 hatte

Schon das Pförtnerhaus der ehemaligen Heil- und Pflegeanstalt in Berlin-Buch deutet mit architektonischen Mitteln an, was den Erbauer der Anstalt, Ludwig Hoffmann, antrieb und was er anderen Orts auch explizit ausgedrückt hat: »Ihr Alle seid hier froh vereint, der's Euch gebaut, hat's gut gemeint.«

Das Verwaltungsgebäude der Bucher Anstalt zeichnet sich durch Größe und Schönheit aus.

es etwa 150 Einwohner, was sich bis zum Ende des 19. Jahrhunderts kaum änderte. Während all dieser Zeit war Buch im Besitz von Adelsgeschlechtern. Joachim von Röbel (1515-1572) war ein eifriger, mit Philipp Melanchton befreundeter Förderer der Reformation. Gerhard Bernhard von Pölnitz (1617-1724) erwarb sich 1675 große Verdienste in der Schlacht von Fehrbellin. Adam Otto von Viereck (1684-1758) bekleidete neben anderen wichtigen Ämtern am Hofe Friedrich Wilhelms I. und Friedrichs II. auch das des Kurators der Königlichen Akademie der Wissenschaften. Elisabeth Amalie von Voß (1766-1789) war eine Konkubine Friedrich Wilhelms II. Jedoch nahm Buchs Schicksal 1898 eine scharfe Wende. Graf Georg von Voß verkaufte das Gut samt 1.295 Hektar Acker- und Waldland für 3,5 Millionen Reichsmark an die Stadt Berlin.

In der zweiten Hälfte des 19. Jahrhunderts stieg die Berliner Bevölkerung von 450.000 (1851) auf 2.000.000 (1905). Die Zahl der psychisch Kranken erhöhte sich überproportional durch Alkoholmissbrauch sowie Geschlechtskrankheiten und stieg allein zwischen 1880 und 1895 um 55 Prozent[47]. Ähnliche Entwicklungen gab es bei Tuberkulosekranken und »Siechtum«, das heißt pflegebedürftiger Altersschwäche. 1895 befanden sich 3.000 Personen in den städtischen »Irrenanstalten« Dalldorf (Wittenau) und Herzberge, weitere 1.000 Patienten mussten auf Kosten der Stadt in privaten Einrichtungen versorgt werden. Die Stadt sah sich deshalb gezwungen neue Krankenhäuser zu errichten. Bei der Suche nach einem geeigneten Standort fiel die Wahl der Stadt eher zufällig auf das erst kürzlich erworbene Gelände in Buch. Dann aber entfachte sie dort eine

Der Festsaal des Verwaltungsgebäudes war in erster Linie für Aktivitäten der Patienten wie zum Beispiel Theateraufführungen bestimmt.

gewaltige Bautätigkeit und ließ zwischen 1900 und 1916 in Buch nicht nur eine dritte »Irrenanstalt«, sondern auch eine »Heimstätte für Brustkranke«, ein »Altleuteheim«, eine weitere, vierte »Irrenanstalt« und eine »Neue Heimstätte für Brustkranke« bauen. So entstand in kurzer Zeit der größte und modernste Krankenhauskomplex Europas mit mehr als 5.000 Betten. Alle Einrichtungen wurden im Lauf der Zeit umbenannt und teils anderen Zwecken zugeführt. Zum Beispiel erhielt die »III. Irrenanstalt« 1926 den Namen »Heil- und Pflegeanstalt« und 1934 den Namen »Hufeland-Hospital«. Das »Altleuteheim« heißt heute »Ludwigspark«.

Einmalig an den Bucher Krankenanstalten ist ihre architektonische Homogenität: Alle entstanden unter der Regie ein und desselben Architekten, des Berliner Stadtbaurats Ludwig Hoffmann[48]. Er kam 1852 als Sohn eines Rechtsanwalts und Reichtagsabgeordneten in Darmstadt zur Welt. Nach Abitur und Militärdienst begann er mit dem Studium der Architektur in Kassel und setzte es an der Bauakademie in Berlin fort, wo ihn auch ein Schüler Schinkels, Johann Heinrich Stracke, unterrichtete. Hoffmann machte nach dem Studium eine steile Karriere. Im Alter von 30 Jahren erhielt er den Schinkel-Preis und bekam den Zuschlag für den Bau des Reichsgerichtes in Leipzig. 1896 wählte ihn die Stadtverordnetenversammlung Berlins zum Stadtbaurat. In seiner Amtszeit, die bis 1923 währte, vollendete er über 200 Bauten. Unter ihnen sind so verschiedenartige wie das Märkische Museum, das Rudolf-Virchow-Krankenhaus, der Märchenbrunnen im Volkspark Friedrichshain und das Stadthaus. Als Hoffmann 1932 starb galt er als längst überholtes Relikt der wilhelminischen Ära, deren Bauweise als protzig,

Das Pflegehaus für Frauen, in dem auch der Schriftsteller Alfred Döblin als Arzt tätig war, hat zwei Seiten: Die Vorderseite ist repräsentativ.

überladen und künstlerisch minderwertig empfunden wurde. Erst in den 1980er-Jahren setzte gleichzeitig mit einer Relativierung der Moderne und dem Aufkommen der Postmoderne eine erneute Wertschätzung Hoffmanns ein. Heute wird die fantasiereiche Heiterkeit und Bürgernähe seiner Bauten, wie sie sich besonders auch in Buch manifestieren, hoch geschätzt.

Die »III. Irrenanstalt« entstand zwischen 1900 und 1906 entsprechend neuesten psychiatrischen Erkenntnissen. Um eine Mittelachse herum gruppieren sich zehn große Gebäude, und zwar fünf auf der östlichen Seite für Frauen und fünf auf der westlichen Seite für Männer. Die Gebäude jeder Seite waren entweder »Offene Häuser« für leichte Fälle, »Aufnahmehäuser« für Eingangsuntersuchungen, »Pflegehäuser« für schwere Fälle oder »Überwachungshäuser« für gefährliche Fälle. In der Mittelachse hingegen befanden sich das Verwaltungsgebäude, die Patienten-Werkstätten, Badehäuser, Kapelle, Küche und Eiskeller. Am Rande der Anlage gabt es zudem fünf »Landhäuser« für die Vorbereitung von Patienten auf ihre Entlassung. Etwas weiter entfernt lagen mehrere Häuser mit Direktoren- und Ärztewohnungen. Nachträglich wurden dem Komplex zwei »feste Häuser« für Straftäter hinzugefügt. Die Presse von 1906 beurteilte den Komplex sehr positiv: Der Anstalt hafte nichts von einer düsteren Stätte des Kummers und Elends an, überall würden erfreuende Formen und Farben, Licht und Weite herrschen. Zu den ersten Ärzten der Anstalt gehörte Dr. Alfred Döblin. In seinem Roman »Berlin Alexanderplatz« verwendete er seine Bucher Er-

Die Rückseite des Pflegehauses für Frauen hat hingegen einen privaten Charakter und öffnet sich zum parkähnlichen Anstaltsgelände hin mit großen Balkons.

Auf der Mittelachse des Anstaltsgeländes befinden sich Gemeinschaftseinrichtungen wie zum Beispiel Patientenwerkstätten, in denen beschäftigungstherapeutische Schuster- und Sattlerarbeiten durchgeführt wurden.

fahrungen und schildert die Verbringung des Protagonisten Franz Biberkopf in eines der »festen Häuser« und seinen Tod nach Zwangsernährung. Die berühmte Schauspielerin Tilla Durieux war während des Ersten Weltkriegs in der »III. Irrenanstalt« freiwillig als Hilfsschwester tätig. Neben schockierenden Notoperationen erlebte sie in der Heil- und Pflegeanstalt auch eine Theatervorstellung, bei der die Patienten zu ihrer Überraschung ihren Part gelassener, konzentrierter und authentischer spielten als professionelle Schauspieler.

Zu dem Krankenhauskomplex kam 1930 das Kaiser-Wilhelm-Institut (KWI) für Hirnforschung hinzu. Es beruht auf einem Entwurf des Architekten Carl Sattler und vereinte unter einem Dach Abteilungen für Neuroanatomie, Histologie, Pathologie, Physiologie, Psychologie, Chemie, Genetik, Konstitutionsforschung, Physikalische Techniken sowie eine neurologische Forschungsklinik. Der erste Direktor des Instituts, Oskar Vogt, beschrieb seine Forschungsziele folgendermaßen: »Die Arbeiten sollen in möglichst exakter Weise solche neurobiologischen Beiträge liefern, welche geeignet sind, das Problem vom Zusammenhang der somatischen und psychischen Erscheinungen wenigstens in ferner Zukunft zu fördern. Dabei wollen wir diese Förderung speziell durch seine innige Vereinigung psychologischer, physiologischer und anatomischer Studien erstreben.« Das Programm – bis zum heutigen Tage aktuell – übte eine starke Faszination aus und ermöglichte Vogt, sich mit hervorragenden Forschern wie Korbinian Brodmann, Max Bielschowsky, Cecile Mugnier (seiner Frau) und Wladimirovich Timoféeff-Resovsky zu umgeben. Forschungsmittel erhielt er nicht nur von der KWG, sondern auch von dem Deutschen Reich, dem Staat Preußen, der Stadt Berlin, der Deutschen Bank, der Firma Krupp und vor allem der amerikanischen Rockefeller Foundation. Vogt war zudem ein äußerst unabhängiger Geist. Zum Beispiel hielt er sich zwischen 1925 und 1927 mehrmals in Moskau auf, um das Gehirn Lenins zu analysieren. Er fertigte 30.000 histologische Präparate an und schloss aus ihnen, dass Lenin wegen einer besonders großen Anzahl von Pyramidalzellen ein »Assoziationsathlet« gewesen sei

Die Anstaltsbauten waren bis in die kleinsten Details hinein individualisiert, wie aus der Tür-Kollage ersichtlich.

– Befunde und Schlussfolgerungen, die nie bestätigt werden konnten.

Nach der Machtergreifung durch die NSDAP 1933 änderten sich die Verhältnisse sowohl in den Krankenanstalten wie auch im KWI[47]. Das »Gesetz zur Wiederherstellung des Berufsbeamtentums« vom 7.4.1934 ermöglichte der Verwaltung, zahlreiche jüdische Ärzte und Wissenschaftler aus Buch zu vertreiben. Insbesondere nahm ein linientreues Mitglied der NSDAP, Dr. Wilhelm Bender, den Platz des Ärztlichen Direktors der Heil- und Pflegeanstalt ein. Kurz nach Kriegsbeginn machte das NS-Regime mit der Drohung ernst, die von ihr als »Ballastexistenzen« klassifizierten Patienten aus psychiatrischen Kliniken zu entfernen und in Tötungsanstalten zu ermorden[49]. Der erste Transport von 34 Patienten der Bucher Heil- und Pflegeanstalt nach »unbekannt« erfolgte am 28.3.1940. Bis zur offiziellen Schließung der Heil- und Pflegeanstalt am 31.10.1940 gab es insgesamt 44 Transporte mit 2.852 Patienten, die meisten gingen in die Tötungsanstalten Brandenburg-Görden und Bernburg. Neben aktiver gab es eine auch »stille« Euthanasie[50], bei der Patienten durch harte Arbeit, Unterernährung und wahrscheinlich auch Verabreichung starker Schlafmittel in den Kliniken ermordet wurden. Gesicherte Opferzahlen gibt es hierfür nicht, es dürfte sich aber um bis zu 8.000 Personen handeln.

Ein Bucher SA-Kommando überfiel und drangsalierte Oskar und Cecile Vogt im Juni 1933 des Nachts in ihrer Wohnung. Vogt wehrte sich gegen diesen und weitere Angriffe heftig, musste aber 1935 zwangsweise den Ruhestand antreten. Da sich kein genehmer Kandidat finden ließ, führte er das Institut bis 1937 kommissarisch weiter. Dann übernahm Hugo Spatz den Direktorenposten. Er änderte den Forschungsschwerpunkt des Instituts, stellte erbbiologische Fragen in den Vordergrund und berief den Prosektor der Psychiatrischen Landesanstalten in Brandenburg-Görden, Julius Hallervorden, zum Leiter der histopathologischen Abteilung und zum stellvertretenden Institutsdirektor. Trotz der Berufung nach Berlin konnte Hallervorden seine Arbeit in Brandenburg weiterführen. Seine Brandenburgische Abteilung war sogar eine offizielle Außenstelle des KWIs. Als die T4-Aktion 1939 begann und Brandenburg-Görden Tötungsanstalt wurde, machte Hallervorden den Vorschlag, ihm die Gehirne der Ermordeten zur Sektion zu überlassen. Die erste nachgewiesene Sektion dieser Art datiert auf den 15.5.1940. Nachgewiesen ist auch, dass Hallervorden insgesamt etwa 600 solcher Sektionen durchgeführt hat und dass auch Spatz deren Hintergrund bekannt war.

Die Krankenhäuser des Maßregelvollzugs im Spiegel ihres Hochsicherheitszauns.

Nach dem Krieg verwendete die DDR die Krankenhäuser weiter und fasste sie 1963 zum Städtischen Klinikum Berlin-Buch zusammen. In den Jahren 1973 kamen Neubauten für ein Regierungskrankenhaus und eine Klinik des Ministeriums für Staatssicherheit (»Stasi-Krankenhaus«) hinzu. Das KWI wurde 1946 der neugegründeten Deutschen Akademie der Wissenschaften angegliedert und 1972, nach einer Akademiereform, in drei sogenannte Zentralinstitute für Krebsforschung, Herz-

Das ehemalige Kaiser-Wilhelm-Institut für Hirnforschung, 1928 vom Münchner Architekten Carl Sattler im Stil der Neuen Sachlichkeit errichtet, diente unter seinem ersten Direktor Oskar Vogt wegweisenden Untersuchungen auf dem Gebiet der Neuromedizin, wurde jedoch nach Entfernung Vogts durch das nationalsozialistische Regime für anatomische Untersuchungen an den Gehirnen von Euthanasieopfern missbraucht.

und Kreislaufforschung und Molekularbiologie geteilt.

Die Wiedervereinigung brachte die Kliniken und Forschungsinstitute in schwere Turbulenzen. In den Krankenhäusern sank die Bettenzahl von 3.700 (1989) auf 1.500 (1995). Erst 2001 konnte der Abwärtstrend durch Übernahme der meisten Kliniken durch die Helios-Gesellschaft gestoppt und bald darauf sogar umgekehrt werden. Ein neuer großer Krankenhauskomplex vergrößerte 2005 das Angebot der medizinischen Fächer. Die Forschungsinstitute hingegen fielen auf Grund des Artikels 38 des Einigungsvertrags samt und sonders der Abwicklung anheim, was großen Unmut unter den Mitarbeitern hervorrief. Nur sehr wenigen der entlassenen Institutsangehörigen gelang es, andernorts eine neue Anstellung zu erlangen. Für diese ist Tom Rapoport ein leuchtendes Beispiel, der 1995 zum Professor an der Harvard-Universität, Cambridge, USA berufen wurde. Die Lage der Forscher in Buch verbesserte sich 1992 mit der Gründung des Max-Delbrück-Centrums. Durch Ansiedlung weiterer Institute und zahlreicher kleiner Firmen ist Buch inzwischen auch zu einem Hoffnungsträger Berlins auf biotechnologischem Gebiet geworden.

Cecile und Oskar Vogt vor dem ehemaligen Kaiser-Wilhelm-Institut für Hirnforschung, geschaffen von Hans Scheib im Jahr 2002.

Altlandsberg: Hartnäckige Ackerbürger

11

Altlandsberg ist eine östlich Berlins auf dem mittleren Barnim gelegene Kleinstadt. Sie ist etwa genauso weit vom Berliner Zentrum entfernt wie das im vorangehenden Kapitel behandelte Berlin-Buch. Jedoch könnte der Unterschied zwischen beiden Orten nicht größer sein. So hat sich Altlandsberg im Gegensatz zu Buch ein mittelalterliches Erscheinungsbild mit Altstadt, Stadtmauer und Feldsteinkirche erhalten. Seine Einkünfte bezieht es weiterhin vorwiegend aus der Landwirtschaft. Altlandsberg kann deshalb als typisch brandenburgische Ackerbürgerstadt eingestuft werden und demonstriert damit, dass der Einfluss, den das Berliner Zentrum auf den Stadtrand ausübt, nicht absolut ist, sondern in differenzierter Weise von geographischen und historischen Faktoren mitbestimmt wird.

Etymologische, geografische und archäologische Befunde weisen darauf hin[51], dass Altlandsberg um 1230 von dem, aus Halle an der Saale stammenden Adelsgeschlecht der Wettiner an einem von Sümpfen umgebenen Ort gegründet wurde, der zuvor Jabel hieß und einer slawischen Siedlung als Standort gedient hatte. Es scheint aber, dass Altlandsberg schon 1245 dauerhaft in die Hände der Askanier überging. Die ältesten schriftlichen Zeugnisse stammen aus dem 14. Jahrhundert und zeigen, dass Altlandsberg zu dieser Zeit eine kleine Ansiedlung mit etwa einhundert Familien oder fünfhundert Personen war. Die fruchtbaren Grundmoränenböden des mittleren Barnims und die Lage an dem von Köpenick über Strausberg nach Hohenfinow führenden Handelsweg verschafften Altlandsberg ein gutes Einkom-

Die Stadtmauer von Altlandsberg wurde im 14. Jahrhundert aus Feldsteinen gefügt und hat die Jahrhunderte – wenn auch von acht auf zwei bis vier Meter Höhe gekappt – überdauert.

Von dem Schloss, das Otto von Schwerin 1673 in Altlandsberg errichten ließ, überdauert einzig die Schlosskirche den Brand von 1757 und konnte unter Verwendung originaler Teile wiederhergestellt werden.

Ein Portal der Schlosskirche, das den Brand des Schlosses von 1757 überdauerte und in die wiederaufgebaute Kirche integriert wurde.

men, so dass sich die kleine Stadt sowohl eine unverhältnismäßig große und prächtige Kirche wie auch eine veritable Stadtbefestigung leisten konnte.

Die bedeutendste Sehenswürdigkeit Altlandsbergs, die als Stadtkirche bezeichnete Feldsteinkirche, stammt aus der ersten Hälfte des 13. Jahrhunderts[52]. Der ursprüngliche Bau bestand aus einer dreischiffigen Basilika mit einschiffigem Chor und massivem Turm. Aber schon am Turm kann man ablesen, dass die Kirche im Lauf der Jahrhunderte mehrfach verändert wurde: Der älteste, untere Teil des Turm – 20 Meter breit und acht Meter tief – besteht aus regelmäßigen Zeilen behauener Feldsteinen. Hingegen fand bei dem darüber liegenden Abschnitt, der eine sich verjüngenden Schulter und eine Spitze einschließt, ein Gemisch von unbehauenen Feldsteinen und Ziegelsteinen Verwendung, so dass sich die Mauerzeilen nach oben hin auflösen. Den Quellen ist zu entnehmen, dass die Aufstockung am Anfang des 16. Jahrhunderts erfolgte. Schließlich wurde der Turm im 18. Jahrhundert noch ein zweites Mal, diesmal unter Verwendung verputzter Ziegelsteinmauern, erhöht. Spuren ähnlich eingreifender Umbauten finden sich an Kirchenschiff und Apsis. Zudem wurde die ursprünglich flache Decke im 16. Jahrhundert durch Sternrippengewölbe ersetzt, was eine neue, spitze Dachkonstruktion erforderte. Dies wiederum zog den Verschluss alter und die Schaffung neuer, größerer Fenster mit sich. Man erkennt zum Beispiel an der Ostseite des Chors, dass drei schmale, hohe Fenster mit runden Bögen vermauert und durch ein breites, spitzbogiges Fenster ersetzt wurden. Wei-

Die Stadtkirche von Altlandsberg geht auf die Gründungszeit der Stadt im 13. Jahrhundert zurück, wurde aber mehrfach umgebaut, ergänzt und ausgestaltet. Schon die Textur des Turms zeigt drei Bauperioden an, die dem 13., 16. und 18. Jahrhundert zugeordnet werden.

terhin ist das südliche Seitenschiff mit einem Backsteinanbau verlängert worden, der ursprünglich auf seiner Ostseite mit einer, nachträglich wieder vermauerten Tür versehen war. In der Kirche befinden sich unter anderem ein Taufbecken aus dem 16. Jahrhundert, der Grabstein des 1524 in Erfurt geborenen und 1581 in Altlandsberg gestorbenen Theologen und Reformators Nikolas Leutinger d. Ä. sowie eine kunstvoll geschnitzte und kolorierte Kanzel von 1600.

Die Stadtbefestigung stammt aus der ersten Hälfte des 14. Jahrhunderts. Sie bestand ursprünglich aus einer etwa sieben Meter hohen Mauer mit vorgelagerten Wällen und drei Türmen mit verstärkten Toren. An der Innenseite der Mauer war ein Gang installiert, um die Verteidigungskraft zu erhöhen. Ab 1663 wurden die Wälle niedergelegt und die Mauerhöhe reduziert. Die engen Tore fielen erst zu Beginn des 19. Jahrhunderts dem Autoverkehr zum Opfer, wobei aber der 18 Meter hohe Strausberger Turm und der 22 Meter hohe Berliner Turm verschont blieben.

Nach Errichtung von Kirche und Stadtmauer im frühen Mittelalter setzte ein langanhaltender Niedergang Altlandsbergs ein[51]. Um 1300 starben die Askanier aus, und das Machtvakuum in Brandenburg gab Anlass zu diversen Aneignungsversuchen. Selbst die Wittelsbacher im fernen München beteiligten sich an Beutezügen. Altlandsberg war bemüht seine Stellung als freie Stadt durch Paktieren mit verschiedenen Fraktionen zu bewahren, musste sie aber 1409

Die Ostseite der Stadtkirche offenbart ein dichtes Mosaik von Um- und Anbauten, unter anderem die Verlängerung des südlichen Seitenschiffs, die Schaffung eines einzigen, gemeinsamen Dachs für Kirchenschiffe und Apsis, den Verschluss mehrerer alter und die Öffnung anderer neuer Fenster.

aufgeben und sich unter das Kartell der Ritter von Krummensee stellen. Nicht genug des Unglücks fiel Altlandsberg 1432 einem Überfall der Hussiten zum Opfer und wurde 1537 von einem großen Brand vernichtet, der nur Stadtkirche und Burg, nicht aber Rathaus samt aller Urkunden stehen ließ. 1540 zog die Reformation in Altlandsberg ein und brachte der Stadt mit Nikolas Leutinger d. Ä. einen prominenten Pfarrer. Auch den Krummensees ging es damals noch so gut, dass sie 1550 die alte Wettiner Burg zu einem Schloss umbauen konnten.

Jedoch waren weder Altlandsberg noch die Krummensees gegen die zentrale Katastrophe der frühen Neuzeit, den Dreißigjährigen Krieg, gefeit. 1626 erreichte das Heer Ernsts von Mansfeld den Barnim. Altlandsberg musste Soldaten einquartieren, die nicht nur gewalttätig und beutegierig waren, sondern auch die Pest einschleppten. Ersten Einquartierungen folgten weitere – 1627 durch Wallensteins Heer, 1631 durch die Schweden – bis Altlandsberg 1632 schließlich in Schutt und Asche gelegt und lange nicht wieder aufgebaut wurde. Bei Kriegsende 1648 war immer noch die Hälfte der Häuser verödet. Selbst die Krummensees verarmten und mussten Altlandsbergs Stück für Stück abstoßen. Ein Käufer namens Otto Freiherr von Schwerin nahm ihnen die Tranchen gerne ab und gelangte auf diese Weise 1654 in den Besitz der gesamten Stadt.

Otto von Schwerin (1616–1679) aber war ein großes Licht. Er dichtete Kirchenlieder wie »Jesus, meine Zuversicht« und Abendlieder wie »Die Sonn hat sich mit ihrem Glanz gewendet«. In Altlandsberg ließ er nicht nur das Schloss umbauen und mit Schlosskapelle und Park versehen, sondern auch die noch immer in Trümmern liegende Stadt wiederaufbauen. Bereits 1670, also 15 Jahre vor dem Edikt von Potsdam, siedelte er die ersten, nach Brandenburg geflüchteten Hugenotten in Altlandsberg an. Die 20 französischen Familien trafen aber bei den Einheimischen auf so wenig Gegenliebe, dass sie schon ein Jahr später nach Berlin weiterzogen. Am Hofe des Großen Kurfürsten stieg Otto von Schwerin schnell zum einflussreichen Berater auf und wurde unter anderem mit dem Amt des Oberpräsidenten des Geheimen Rats betraut. So hoch stand er in der Gunst seines Herrn, dass dieser ihm die Erziehung seiner Kinder anvertraute. Sie verbrachten ab 1662 – einschließlich des Knaben, der die Nachfolge des Großen Kurfürsten antreten und 1701 als Friedrich I. zum ersten brandenburgischen König in Preußen gekrönt werden sollte – ihre Jugend in Altlandsberg.

Friedrich I. hatte äußerst angenehme Erinnerungen an seine Jugendtage in Altlandsberg. Deshalb kaufte er das Schloss 1708 von Ottos Sohn und baute es zu seiner Sommerresidenz aus. Die »königliche Zeit« Altlandsbergs währte aber nur fünf Jahre. Friedrich I. starb 1713 und seine Nachfolger, Friedrich Wilhelm I. und Friedrich II. – zeigten keinerlei Interesse am Altlandsberger Schloss. Es wurde im Lauf der Jahre leergeräumt und fiel 1757 schließlich einem Brand zum Opfer. Zwar verbesserte sich die Lage Altlandsbergs mit den Stein-Hardenbergschen Reformen zu Beginn des 19. Jahrhunderts. Es erhielt die Selbstverwaltung zurück, und ab 1809 konnte jeder (männliche) Einwohner das Bürgerrecht erwerben und an den Wahlen zur Stadtverordnetenversammlung teilnehmen. Jedoch zeigte Altlandsberg an

Das Innere der Stadtkirche ist derzeit in Weiß gehalten, war aber, wie Farbreste unter dicken Putzschichten zeigen, ursprünglich mit Malereien versehen.

Im südlichen Seitenschiff der Stadtkirche befindet sich die Grabplatte von Nikolas Leutinger dem Älteren, einem bedeutenden Reformator, der 1524 in Erfurt geboren wurde und nach dem Theologiestudium in Straßburg, Basel und Wittenberg 1544 die Kaplansstelle in Altlandsberg übernahm.

Die Kirchstraße verbindet die Stadtkirche mit dem Marktplatz und gibt mit ihren Häusern aus dem 18. Und 19. Jahrhundert einen guten Eindruck vom Charakter Altlandsbergs.

der Industrialisierung, die Deutschland ab 1850 auf breiter Front erreichte, geringes Interesse. Als die Ostbahn ab 1848 gebaut wurde, bemühte es sich nicht um einen Anschluss. Wasserwerke, Abwasserentsorgung und Elektrifizierung wurden erst am Anfang des 20. Jahrhunderts installiert, ein kleines Krankenhaus folgte 1907, ein Hotelrestaurant 1912.

Nach dem Ersten Weltkrieg standen in Landsberg die Verknappung von Lebensmitteln, Kleidung und Brennstoffen im Vordergrund. Gleichzeitig aber nahmen Erwerbs- und Wohnungslosigkeit zu, auch Kriminalität wurde zu einem Problem, das politische Klima radikalisierte sich. Neben zivilen Vereinigungen wie Arbeiterrat und Bürgerwehr, traten uniformtragende Organisationen – der Rote Frontkämpferbund der KPD, der SPD-nahe Reichsbannerverein Schwarz-Rot-Gold, nationalistische Formationen wie Stahlhelm, Werwolf und Jungdeutscher Orden – auf. Die Kommunalwahlen im Januar 1930 ergaben 5 Sitze für die SPD, 2 für die KPD, 6 für eine bürgerliche Einheitsliste und einen Sitz für einen Parteilosen. Aber schon 1933 hatte die NSDAP die Mehrheit in der Stadtverordnetenversammlung errungen. Im Juni 1933 wurde die SPD als »volksfeindlich« verboten und viele Verhaftungen durchgeführt. Auch die 15 Bürger jüdischen Glaubens, die 1933 in der Stadt wohnten, waren den Boykott-, Verfolgungs- und Terrormaßnahmen der Nationalsozialisten ausgesetzt. Während es einigen gelang zu emigrieren, wurden andere deportiert. Ihre Schicksale sind noch nicht erforscht. Lediglich an die Familie Borkowsky wird seit 2010 mit einem Gedenkstein erinnert.

In der Nacht zum 21. April 1945 besetzten sowjetische Truppen die Stadt und

Das Strausberger Tor der Stadtmauer von Altlandsberg wurde 1840 abgebrochen, der 22 Meter hohe Turm blieb jedoch samt Kegelaufsatz erhalten und wurde 1897 mit einem Storchenrad versehen.

Trotz des starken Verkehrs in den engen Straßen der Altlandsberger Altstadt wird das Storchennest auf dem Strausberger Torturm jedes Jahr aufs Neue belegt und dient Bewohnern zur Aufzucht des Nachwuchses wie als Basis für eindrucksvolle Flugmanöver und Klapper-Zeremonien.

machten Altlandsberg zum Aufmarschgebiet für die Schlacht um Berlin. Unmittelbar nach Kriegsende begann die Umgestaltung des politischen und rechtlichen Systems. Das folgenreichste Ereignis der Zeit war die Bodenreform, die bereits am 5. Oktober 1945 begann. Dabei wurden in Altlandsberg 1.185 Hektar Land enteignet und an 22 ansässige arme Bauern, 65 Landarbeiter und 67 Flüchtlinge verteilt. Wenig später setze mit Gründung der landwirtschaftlichen Produktionsgenossenschaft »Mao Tse Tung« in Paulshof die Kollektivierung ein. Bis 1960 waren alle Bürger Altlandsbergs in LPGs organisiert. Mitte der 1960er-Jahre wurde die Losung ausgegeben, Altlandsberg zum »bedeutendsten Landwirtschaftszentrum des Kreises« zu entwickeln, woraufhin alle verfügbaren Mittel für diese Aufgabe verwendet wurden. Unter solchen Umständen fehlten für Erhalt und Instandsetzung der historischen Bausubstanz Mittel und Verständnis. Noch bis 1970 wurden mittelalterliche Häuser, wie sie in der Bernauer Straße, hinter der Kirche und in der Klosterstraße zu finden waren, abgetragen. Andererseits wurde 1983 eine Plattenbausiedlung an der Straße des Friedens errichtet und noch 1989 vergrößert. Trotzdem änderte sich die Einstellung zur Altbausubstanz in den 1980er-Jahren: die Stadtkirche wurde saniert und die Tortürme der Stadtbefestigung überarbeitet, die Schlosskirche – nach dem Krieg zweckentfremdet und ihrer ursprünglichen Ausstattung entblößt – erhielt Denkmalschutz. Nach der Wiedervereinigung nahm Altlandsberg an einem Programm Brandenburgs zur Sanierung historischer Stadtkerne teil. Seitdem prägen farbenfroh renovierte Bürgerhäuser des 18. und 19. Jahrhunderts das Stadtbild. Auch der Marktplatz konnte schließlich wiederhergestellt werden. Arbeiten am letzten großen verbliebenen Projekt, dem ehemaligen Schlossgelände, haben begonnen.

12 Marzahn: Vom Schmäh- zum Kultobjekt

Marzahn ist als riesige Ansammlung von Plattenbauten bekannt. Dabei datiert seine erste urkundliche Erwähnung unter dem Namen »Morczane« aus dem Jahr 1300. Auch im Landbuch Kaiser Karls IV. von 1375 ist es aufgeführt. Aber sieben Jahrhunderte hindurch existierte es als unauffälliges Agrargebiet mit geringer Bevölkerungsdichte. All das wurde in den 1970er-Jahren auf den Kopf gestellt, nachdem der VIII. Parteitag der Sozialistischen Einheitspartei Deutschlands (SED) die »Einheit von Wirtschafts- und Sozialpolitik« zur Hauptaufgabe erklärt und die Lösung der »Wohnungsfrage als soziales Problem« bis 1990 beschlossen hatte. Marzahn wurde zum Standort einer exemplarischen Großsiedlung auserkoren und zwischen 1976 und 1987 mit 63.000 Wohnungen für 175.000 Bewohner bebaut. So geriet das unauffällige Marzahn unversehens in die Rolle eines Exponenten sozialistischer Politik – und damit auch zu einem Lieblingsthema des Kalten Kriegs. Der Kalte Krieg ging zwar im Jahr 1990 formal zu Ende, die westliche Polemik gegen die Wohnungsbaupolitik der DDR lebte aber fort. Mehr noch: Die ostdeutschen Großwohnsiedlungen – nun generell mit dem Begriff »Platte« stigmatisiert – wurden teilweise abgerissen, jedenfalls aber tiefgreifend, westlichen Maßstäben entsprechend umgebaut. Marzahn ist somit ein in mehrfacher Hinsicht bedeutendes Objekt des Berliner Rands: als Spielart der Einverleibung des Stadtrandes durch das Stadtzentrum, als Paradigma für die zentrale Rolle der Architektur im Kalten Krieg, als riesiges Museum industriell gefertigten Wohnraums.

Seit Friedrich Engels in seiner 1872 erschienen Schrift »Zur Wohnungsfrage« zu dem Schluss gekommen war, dass die Wohnungsnot des Industrieproletariats im Kapitalismus nicht gelöst werden könne, nahm der Wohnungsbau in Kommunismus und Sozialismus einen besonderen Stellenwert ein. In der Verfassung der DDR zum Beispiel war das Recht auf Wohnraum als Grundrecht verankert, seine Erfüllung galt als Prüfstein der postulierten Überle-

Das Zentrum der Großsiedlung Marzahn wird von drei massiven, 22- bis 25-stöckigen Doppelwohnhochhäusern markiert, die Dichte und Urbanität ausstrahlen.

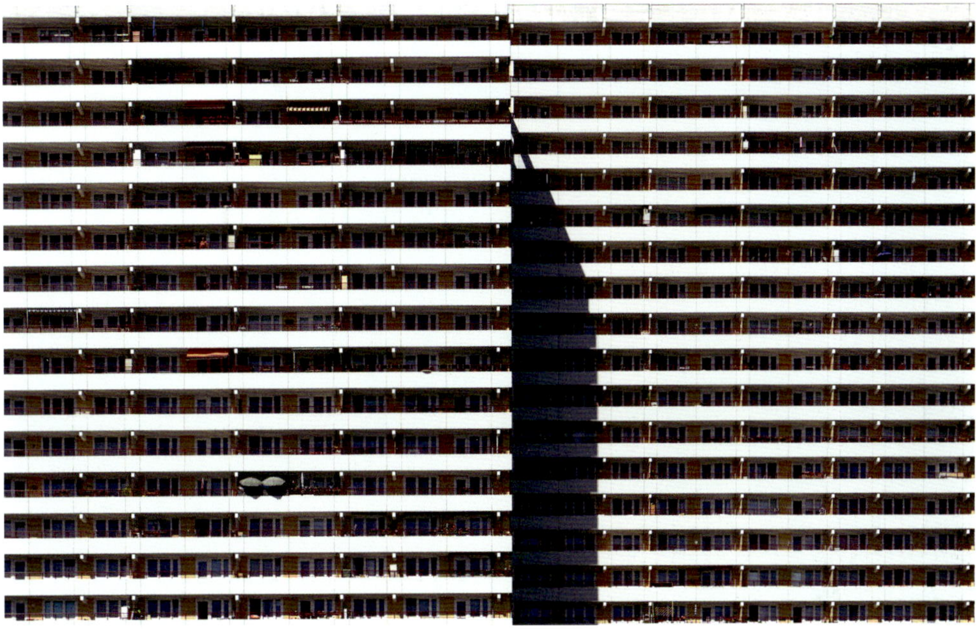

Bei den Wohnhochhäusern am Helene-Weigel-Platz hat die industrielle Bauweise zu extremer Serialität geführt.

genheit des Sozialismus. Deshalb machte die SED in den 1970er und 1980er-Jahren den, in Anbetracht ihrer knappen Mittel als heroisch zu bezeichnenden Versuch, den Wohnungsbedarf in der DDR, wenigstens in basaler Form komplett zu erfüllen. Technologische Grundlage des gewagten Projekts waren beträchtliche Fortschritte bei der Herstellung von Wohnbauten mit industriellen Mitteln.

Im Inneren sind manche der Wohnhochhäuser am Helene-Weigel-Platz zu einem Test auf Klaustrophobie geraten.

Die Geschichte des industriellen Bauens begann schon zu Anfang des 19. Jahrhunderts in England und erreichte bereits 1851 mit der Errichtung des »Kristallpalasts« in London durch Joseph Paxton einen ersten Höhepunkt[53,54]. Der Kristallpalast war ein großes Gebäude mit 70.000 Quadratmetern Grundfläche und 40 Metern Höhe, das vorwiegend aus vorgefertigten guss- und schmiedeeisernen Komponenten und Glasplatten bestand. Es machte einen so großen Eindruck auf Fachwelt und Öffentlichkeit, dass Stahl und Glas zunächst die bevorzugten Materialien für vorgefertigte Häuser wurden. Als weiterer Baustoff bot

In den zerbrochenen Fenstern des ehemaligen Sojus-Kinos gespiegelt löst sich die Serialität der Wohnhochhäuser zum Triptychon auf.

sich allerdings auch der 1824 erfundene Zement an. Er erwies sich als stabil, dauerhaft und vor allem billig und fand deshalb ebenfalls große Verbreitung.

Auch in Deutschland wurde heftig darüber gestritten, ob und wie neue Materialien und Produktionsverfahren beim Wohnungsbau eingesetzt werden könnten. Besonders erhitzten sich die Gemüter an der Frage, ob industrielle Massenfertigung und die damit verbundene Typisierung zwangsläufig Monotonie, Entsinnlichung und Entindividualisierung bedeute, was 1914 bei der Tagung des Werkbundes in Köln auch zu dem berühmten Eklat zwischen Hermann Muthesius, der Typisierung für notwendig und nützlich hielt, und Henry van de Velde, der sie als dem Individualismus und der Spontaneität des Künstlers zu widerlaufend betrachtete. Doch die Sachzwänge der Zeitgeschichte ließen wenig Spielraum für solche Diskussionen. Durch den Ersten Weltkrieg stieg der Wohnungsbedarf gewaltig an. Da war es besonders Walter Gropius, der Möglichkeiten erprobte, Wohnhäuser nach Art der Autoindustrie am Fließband zu produzieren. Mit der Gründung des »Bauhauses« in Weimar schuf er ab 1919 zudem eine Plattform für das »Neue Bauen«, dem eine ganze Generation von Architekten wie Gropius, Ludwig Mies van der Rohe, Hans Scharoun und Bruno Taut zugerechnet werden. Interessanterweise waren auch Architekten, die später die Plattenbauten

Das 1985 nach Plänen von Wolf Rüdiger Eisentraut und Karin Bock errichtete Rathaus von Marzahn wurde 2006 in das »Handbuch der Deutschen Kunstdenkmäler« von Georg Dehio und 2008 in die Berliner Denkmalliste aufgenommen, Ehrungen, die der Ost-Architektur selten zuteil geworden sind.

Das Innere des Marzahner Rathauses überrascht mit einem hellen und geräumigen Treppenhaus.

der DDR entwickelten wie zum Beispiel Hermann Henselmann, Richard Paulick und Gerhard Kosel zum großen Teil Schüler von Gropius oder anderer Protagonisten des Neuen Bauens.

In der DDR setzte die systematische Industrialisierung des Wohnungsbaus 1955 ein, nachdem Stalin gestorben war und Chruschtschow eine Kurswende zu »besserem, billigerem und schnellerem Bauen« durchgesetzt hatte[55]. Die Bauindustrie der DDR wurde verstaatlicht und dem zuständigen Ministerium unterstellt, freischaffende Architekten in den Staatsdienst eingegliedert. Die Wohnvielfalt wurde aus Gründen der Kostenreduzierung auf wenige Typen beschränkt, was praktisch einer, sich auf alle Aspekte des Wohnens erstreckenden Normierung gleichkam. In diesem Schema stand zum Beispiel der normalen »sozialistischen« Familie eine etwa 60 Quadratmeter große Dreizimmerwohnung mit de facto immer gleicher Raumaufteilung zu. In Vorarbeiten wurden verschiedene Arten industriellen Bauens wie Blockbauweise, Streifenbauweise und Ziegelblockbau erkundet, dann aber ganz zugunsten der Platten- oder Großtafelbauweise aufgegeben. Beim ihr werden Betonplatten, die die gesamte Wohnungsbreite oder -tiefe abdecken und je nach Bestimmungszweck Tür- und Fensteröffnungen enthalten können, in einer Betonfabrik hergestellt, zum Bauort transportiert und dort montiert. Anschließend werden komplett vorgefertigte Küchen- und Sanitärmodule eingesetzt. Die mit diesen Mitteln erreichte Baugeschwindigkeit war enorm: Bei der Großsiedlung Marzahn betrug die mittlere Fertigungszeit pro Wohnung 1,5 Stunden – und das über einen Zeitraum von 10 Jahren hinweg.

In der Plattenbaukategorie ließ die DDR zunächst viele Varianten entwerfen und testen, baute aber letztlich nur eine Handvoll von ihnen[56]. Zu den vielgebauten Serien gehört die von Wilfried Stallknecht und anderen am Anfang der 1960er-Jahre entwickelte P2-Serie. Ihre wesentliche Neuerung war die Platzierung von Treppenhäusern, Küchen und Sanitärräumen im Gebäude-

Das Wohnquartier Springpfuhl besteht aus einer lockeren Anordnung 5- bis 12-stöckiger Wohnhäuser der WBS-70-Serie. Eingestreute Gesellschaftsbauten (Kindergärten, Sporthallen, Schulgebäude) sind am charakteristischen Welldach kenntlich.

kern, wodurch mehr Platz und Licht für die Wohnräume gewonnen wurde. Häuser der P2-Serie konnten bis zu elf Etagen haben. Höhere Häuser mit bis zu 25 Stockwerken wurden ab 1965 von der Serie WHH GT (Wohnhochhäuser in Großtafelbauweise) erreicht, die in mehreren interessanten Varianten ausgeführt werden konnte. Das WHH GT (ETP) zum Beispiel hat einen zwölfeckigen Grundriss und ist durch schräge Loggiabänder stark gegliedert. Ab 1970 konzentrierte sich die Bautätigkeit aber fast völlig auf die Serie WBS 70 (Wohnbauserie 70). Sie galt als Verwandlungswunder, bei dem verschiedene Segmente in einem Bauwerk kombiniert und dadurch 90 verschiedene Arten von Wohnblöcken erzeugt werden konnten. Auch innerhalb einzelner Wohnungen war eine größere Flexibilität in der Anordnung und Gestaltung der Räume möglich, da die Innenwände nicht-tragend waren und nach Bedarf angeordnet werden konnten. Die WBS 70-Serie wurde in den 1970er und 1980er-Jahren so häufig gebaut, dass sie 1989 etwa die Hälfte aller DDR-Neubauten stellte.

Mit der Großsiedlung Marzahn verfolgte die DDR anspruchsvolle Ziele. Sie sollte ein einmaliges städtebauliches Ensemble ohne schematische Wiederholung werden, Bauhöhen sollten den landschaftlichen und topographischen Eigentümlichkeiten angepassten werden, neuartige Kombinationen der Typenelemente sollten die serielle Monotonie mildern. Die Bautätigkeit begann 1977 ganz im Süden des Bezirks mit einer Kaufhalle in der Marchwitzastraße und setzte sich bis 1988 in einer Breite von knapp zwei Kilometern etwa 5,5 Kilometer nach Norden fort. Bereits ein halbes Jahr nach Baubeginn waren 1.000, vier Jahre später 20.000 Wohnungen errichtet. Bis 1988 entstanden 59.643 Wohnungen sowie 55 Kindergärten, 52 Schulen, 46 Sporthallen und viele andere Gemeinschaftseinrichtungen. Das riesige Areal ist

Im Quartier Am Bürgerpark liegt das Gewicht ganz auf »Natur«.

in 14 Wohnquartiere mit jeweils individueller Farbgebung und Kunstkonzeption unterteilt. Zum Beispiel wird im Quartier Springpfuhl mit drei 25-stöckigen, doppeltbreiten Wohnhochhäusern die höchste Konzentration und intensivste Großstadtatmosphäre erreicht. Hingegen ist das Quartier Marzahner Promenade eher eine Flaniermeile mit Geschäften, Cafés und Galerien, während das Quartier Am Bürgerpark eine niedrigere Bebauung mit weiten Grünflächen aufweist.

Kaum fertiggestellt geriet die Großsiedlung in den Strudel von Wende und Wiedervereinigung. Das nach der Wiedervereinigung von westlichen Medien gezeichnete Bild der Großsiedlung Marzahn war durchgehend negativ. Gewöhnlich war von sozialem Brennpunkt und grauer Tristesse die Rede, obwohl die Bewohner selbst anderer Meinung waren und eine enge Bindung an Wohnung und Siedlung bekundeten[54,57]. Der westlichen Meinung entsprechend begann denn auch sogleich eine tiefgreifende Veränderung der Großsiedlung. Der zuerst errichtete Bau in der Marwitzastraße fiel der Abrissbirne 1992 auf Weisung des Berliner Bausenats als erster zum Opfer. Ihm folgten weitere 3.538 Wohnungen. 1.094 Wohnungen ließ man umbauen, was meist auf Reduzierung der Stockwerkzahl durch Abbruch, Änderung der Wohnungsgrundrisse oder Kolorierung der Fassaden hinauslief. Von ursprünglich 462 Kunstwerken im öffentlichen Raum verschwanden etwa ein Drittel durch Abriss, Umbau, Vernachlässigung oder Vandalismus, vier Kunstwerke wurden aus politischen Gründen zerstört, drei gestohlen, der Rest seines Kontextes beraubt[58].

Heute lässt sich feststellen, dass die Großsiedlung Marzahn die Eingriffe zwar nicht unbeschadet, aber in der Essenz überstanden hat. Mit dem allmählichen Abklingen von Ressentiment und Propaganda tritt der architektonische und städtebauliche Rang der Großsiedlung ins Bewusstsein. Marzahn hat sogar in manchen Kreisen – auch bei japanischen Touristen – Kultstatus erreicht.

13 Wuhle: Grüner Gürtel

Die Wuhle ist ein schmaler, etwa 16 Kilometer langer Bach, der auf dem Barnim entspringt und sich den Weg zum Urstromtal in einem von Norden nach Süden laufenden Tal sucht. Ihr Quellgebiet liegt nördlich von Ahrensfelde auf Brandenburgischem Gebiet. Als deutlich wahrnehmbarer Bach tritt sie aber erst südlich der Ahrendfelder Dorfstraße an der Grenze zwischen Berlin und Brandenburg auf. Im Weiteren bildet sie auf einer Strecke von zwei bis drei Kilometern die Grenze zwischen Berlin und Brandenburg; dann knickt die Stadtgrenze nach Osten ab, während die Wuhle zwischen Marzahn und Hellersdorf weiter nach Süden strebt und schließlich bei Köpenick in die Spree mündet. Die Wuhle ist von erheblicher ökologischer Bedeutung für Berlin, weil ihr Tal den größten zusammenhängenden Grünzug der Stadt bildet. Die Stadt hingegen sah im Wuhletal lange ein Verkehrshindernis und Entsorgungsgebiet und wertete es erst in allerletzter Zeit zum Landschaftspark auf. Als weiteres Zeichen städtischer Wertschätzung wurde der am Kienberg gelegenen Abschnitt des Wuhletals von April bis Oktober 2017 zum Veranstaltungsort einer Internationalen Gartenbau-Ausstellung (IGA) gemacht. Die großen, hierfür errichteten touristischen Attraktionen wie eine Seilbahn und eine spektakuläre Aussichtplattform werden von der Stadtverwaltung als Förderung eines Naturreservats gefeiert, stellen tatsächlich aber eine erneute ökonomische Nutzung des Wuhletals dar.

Die folgende Fotosequenz ist in Form einer Tour entlang der Wuhle angelegt. Die Kilometerzählung beginnt im Norden an der Dorfstraße Ahrensfelde.

Kilometer 0,3: Bei Ahrensfelde taucht die Wuhle aus einem Rohr auf und tritt ihren Lauf als kleiner, regulierter Bach an. Dass sie aber überhaupt erkennbare Wassermengen führt, verdankt sie vorwiegend der Zuführung von Regenwasser aus Ahrensfelder Neubaugebieten.

Kilometer 1,4: Erstes auffälliges Bauwerk am Rande der Wuhle bei ihrem Weg nach Süden ist ein 17,5 Meter hoher Kletterturm, der 1998 aus Betonplatten abgerissener Plattenbauten errichtet wurde.

Kilometer 1,6: Das Wuhletal erweitert sich zum Eichepark und gibt den Blick auf die Ahrensfelder Berge frei, eine kaltzeitliche, als Oser bezeichnete Formation, die durch Aufschüttung von Abraum auf 112 Meter erhöhte wurde. Die Hochspannungsleitung ist eine milde Ankündigung der sich im Weiteren enorm steigernden Fragmentierung des Wuhletals durch technische Installationen.

Die Geschichte der Wuhle ist der des Tegeler Fließes sehr ähnlich[59]. Die Wuhle entstand am Ende der letzten Kaltzeit vor etwa 14.000 Jahren. Erst unter dem Eispanzer, dann vor dem Eisrand gelegen sammelte sie große Mengen Schmelzwasser ein und leitete sie ins Urstromtal, dabei ein breites, aber flaches Flussbett ausbildend. Aus angeschwemmtem Material entstanden am westlichen Rand des Tals drei Anhöhen: die Ahrensfelder Berge, der Kienberg und die Biesdorfer Höhe. Das Wuhletal beherbergte nach der Kaltzeit mehrere tausend Jahre lang eine üppige Auenlandschaft. Vor 200 Jahren aber war das Gebiet entlang des Wuhletals landwirtschaftlich schon voll erschlossen. Neben großen Äckern gab es nur wenig ungenutztes Land. Das Wuhletal selbst war wegen ausgedehnter Moore noch weitgehend unberührt. Seine Urbanisierung begann 1848

Kilometer 3,1: Die Wuhle überquert die Neue Wuhle mit Hilfe eines Dükers (Flusskreuzung).

mit dem Bau der Preußischen Ostbahn, deren Nachfolger das Wuhletal noch heute quert und zerschneidet.

Kilometer 3,3: Die Landsberger Allee zerschneidet mit zwei dreispurigen, stark befahrenen Autofahrbahnen und einer Straßenbahntrasse das Wuhletal. Wuhle und Neue Wuhle werden dabei von einer etwa 40 Meter breiten, niedrigen Brücke überspannt.

Weitere tiefgreifende Veränderungen setzten in den 1870er-Jahren mit der Errichtung des Berliner Kanalisationssystems ein. 1879 wurden ausgedehnte Rieselfelder am Rande des Wuhletals in Betrieb genommen und die großen, aus der Stadt herbeigepumpten Flüssigkeitsmengen nach Klärung auf Rieselfeldern und Rückgewinnung in Drainagen über natürliche und künstliche Gräben in die Wuhle geleitet. Die Wuhle schwoll enorm an und musste im ganzen Verlauf kanalisiert und mit mehreren Staumauern versehen werden. 1968 konnte schließlich ein Klärwerk in Falkenberg errichtet und die Rieselfelder in Marzahn und Hellersdorf stillgelegt werden. Um aber die Wuhle nicht trockenfallenzulassen, wurde das im Klärwerk gereinigte Wasser über einen, als »Neue Wuhle« bezeichneten Graben in das Wuhletal geleitet. Beim Eintritt in das Wuhletal liegt das Bett der Neuen Wuhle wesentlich tiefer als das der Wuhle. Deshalb werden die beiden Bäche zunächst parallel geführt und erst mehrere Kilometer flussabwärts vereinigt. Auf dem Weg dahin müssen sie mit Hilfe einer Flusskreuzung, auch »Düker« genannt, übereinander hinweggeleitet werden.

Kilometer 3,4: Fernheizungsleitungen, die Quartiere der Großsiedlungen Marzahn und Hellersdorf versorgen, kreuzen ins Wuhletal ein und begleiten die Wuhle etwa fünf Kilometer lang.

In den Jahren von 1974 bis 1990 wurden die Großsiedlungen in Marzahn und

Kilometer 4,6: Häuser des Hellersdorfer Quartiers Kienberg-Viertel rücken bis unmittelbar an das Wuhletal heran und machen mit Konzeptkunst, hier den »Akrobaten« von Hubertus von der Goltz (1997), aufmerksam.

Hellersdorf errichtet. Ihre Wohnquartiere reichen an manchen Stellen bis unmittelbar an den Rand des Wuhletals heran und sind im Wuhletal in verschiedenen Ausprägungen stets präsent, sei es durch das urplötzliche Einkreuzen von Fernheizungsröhren, sei es durch Konzeptkunst, mit der Wohnhochhäuser um Aufmerksamkeit heischen. Ein Nebenprodukt des Siedlungsbaus in Marzahn und Hellersdorf waren große Mengen an Erdaushub und Bauschutt. Sie wurden von 1981 bis 1991 auf den Ahrensfelder Bergen und auf dem Kienberg deponiert. Die Gipfelhöhe der Ahrensfelder Berg stieg dadurch von 67 auf 114 Meter und die des Kienbergs von 58 auf 102 Meter. Die Biesdorfer Höhe hingegen wurde schon seit 1713 als Müllberg verwendet und nahm nach dem Zeiten Weltkrieg Abraum auf, der beim Bau der Stalinallee und bei der Sprengung des Stadtschlosses anfiel. Ihre Gipfelhöhe stieg dadurch von 46 auf 82 Meter.

1995 kündigten die Wasserwerke Berlin an, dass das Klärwerk Falkenberg in Jahr 2002 geschlossen würde, was Befürchtungen, die Wuhle könne trockenfallen, erneuerte. Das erst gab endlich Anlass dazu, ernsthaft über eine Renaturierung der Wuhle nachzudenken[60]. Nach intensiven Diskussionen, auch unter Beteiligung von Bürgerinitiativen, wurde beschlossen, die Renaturierung der Wuhle am Leitbild eines »Niederungsbach mit Moorbildung, Feuchtbiotopen, Rinnseen, natürlichem Ausuferungsvermögen und mäßiger Mäandrierungstendenz« auszurichten, wobei

Kilometer 5,9: Der Kienberg ist ebenfalls eine durch Aufschüttung von Abraum künstlich erhöhte eiszeitliche Formation am westlichen Rand des Wuhletals. Im Rahmen der Internationalen Gartenbau-Ausstellung 2017 wurde der Kienberggipfel mit einer Seilbahn erschlossen und der Wuhleteich mit einem langen Steg überbrückt.

das Tegeler Fließ eine Vorbildrolle spielte[40]. Von 2006 bis 2008 wurden auf einer Strecke von 12 Kilometern Wehre, Sohlabstürze, Verrohrungen und Uferbefestigungen entfernt und Seen entschlammt. Auch der Düker wurde umgebaut. Auf diese Weise konnten viele grobe Schäden mit vergleichsweise geringen Mitteln (acht Millionen Euro) beseitigt werden. Die Wassermenge und -qualität stieg, eine stattliche Zahl von Pflanzen- und Tierarten siedelte sich wieder an. Geblieben ist aber die vielfache Fragmentierung des Wuhletals durch mehrspurige Magistralen (z. B. Landsberger Allee, Altentreptower Straße, Bundestraße 1/5), einfache Straßen (z.B. Eisenacher Straße, Cecilienstraße), Bahntrassen (Fern-, Stadtbahn-, Hoch-, Straßenbahn) und Hochspannungsleitungen.

Kilometer 6,1: Ein Teilstück der Wuhle wurde nach dem Leitbild eines »Niederungsbachs mit geringer Mäandrierungstendenz« renaturiert.

Kilometer 7,6: Die »Anstalt für Epileptische Wuhlgarten bei Biesdorf« wurde 1893 als zweite Berliner psychiatrische Einrichtung eröffnet und schloss Parkgebiete sowie landwirtschaftliche Flächen für Erholung und Arbeitstherapie ein. Unter dem nationalsozialistischen Regime wurde die Anstalt wie die Bucher Anstalten zum Schauplatz von Zwangssterilisationen und Euthanasiemorden.

Gartenbauausstellungen haben eine lange Tradition und werden in Deutschland seit etwa 150 Jahren in allen möglichen Formaten und Größen veranstaltet[61]. Unter den diversen Spielarten der Gartenausstellungen ist die Internationale Gartenbau-Ausstellung (IGA) die aufwendigste Kategorie. Sie wird von einem internationalen Gremium, dem »Bureau International des Exposition (BIE)« in Paris, sanktioniert, von staatlicher Seite mitfinanziert und nur relativ selten veranstaltet (z. B. Hamburg 1963, Hamburg 1973, München 1983, Stuttgart 1993, Rostock 2003, Hamburg 2013). Nach Ende des Zweiten Weltkrieges dienten IGAs meist dazu, beschädigte Parkanlagen wieder aufzubauen. Schließlich wurden sie genutzt, um Verkehrswege, Grünanlagen und Sportstätten in dicht bebauten Innenstädten zu verschönen. 1980 aber dokumentierte der Deutsche Werkbund in der Schrift »Durch Pflege zerstört«[62], wie die historische Karlsaue in Kassel durch die IGA 1981 beschädigt und entstellt wurde. Es kam daraufhin zu einem öffentlichen, bis heute andauernden Diskurs über den Sinn von Gartenschauen. Auch die IGA 2017 steht in der Kritik und wird unter anderem wegen der mit ihr verbundenen Privatisierung öffentlichen Raums, der Urbanisierung von Naturlandschaften und dem geschönten Budget angegriffen[63].

Das Wuhletal ist als Austragungsort der IGA 2017 nur ein Lückenbüßer. 2008 hatte sich der Berliner Senat mit einem Entwurf für die Umgestaltung des Tempelhofer Felds um die IGA beworben und dafür 2009 den Zuschlag erhalten, war aber mit der Durchführung am Widerstand von Bürgerinitiativen gescheitert. Als Ersatzstandort wurde ein Segment des Wuhletals ausgewählt, das sich von der Hellersdorfer Straße quer über das Wuhletal zum Kienberg und dem schon seit 1987 bestehenden Erholungspark Marzahn (Gärten der Welt) erstreckt. Der Haupteingang der IGA befindet sich am östlichen Rand des Wuhletals in der Nähe der U-Bahnstation „Kienberg (Gärten der Welt)“. Um vom Eingang zum Gipfel des Kienbergs zu gelangen, hat der Besucher zwei Möglichkeiten: Er kann zu

Kilometer 7,8: Ein großes Agglomerat aus Altentreptower Straße und Bahntrassen bildet eine steil aufragende, quer durch das Wuhletal verlaufende Mauer, die der Wuhle und ihrem Tal ein abruptes Ende zu bereiten scheint.

Fuß auf dem neu errichteten, 300 Meter langen „Wuhlesteg“ das Tal überqueren, um dann vom Wuhleteich über die „Kienbergterrassen“ zum Gipfelplateau des Kienbergs aufzusteigen. Alternativ kann sich der Besucher von einer Seilbahn direkt vom Haupteingang zum Kienberggipfel befördern lassen. Dort erwartet ihn der „Wolkenhain“, eine 30 Meter hohe, künstlerisch gestaltete Plattform mit weitem Ausblick auf Marzahn, Hellersdorf und Berlin-Mitte. Der Kienberg war während der etwa zweijährigen Vorbereitungszeit abgezäunt und für die Öffentlichkeit unzugänglich. Durch die Arbeiten wurde seine Struktur- und Artenvielfalt ökologisch weiterentwickelt. Auch die „Gärten der Welt“ wurden erheblich erweitert und mit Hilfe einer neuen, 85 Meter lange Brücke mit dem Kienberg direkt verbunden.

Kilometer 8,0: Die Wuhle hat die Altentreptower Straße in einem Tunnel unterquert und setzt das Wuhletal fort.

Kilometer 16,4: Die Mündung der Wuhle in die Spree bei Köpenick.

Köpenick: Spreelandschaft mit Elektropolis

14

Das historische Zentrum von Köpenick befindet sich in der Mitte des Berliner Bezirks Treptow-Köpenick am Zusammenfluss von Dahme und Spree. Von der Köpenicker Altstadt erstreckt sich der Bezirk weit nach Südosten und umschließt dabei Berlins größte Wald- und Seenlandschaft zwischen Dahme und Müggelspree. Nordöstlich der Köpenicker Altstadt hingegen befinden sich die ehemaligen Industriegebiete Spindlersfeld, Niederschöneweide und Oberschöneweide. Das Kapitel beschränkt sich auf Alt-Köpenick und Oberschöneweide und damit auf eine der ältesten slawischen Ansiedlung im Berliner Raum und einen der wichtigsten industriellen Ballungsräume des 19. und 20. Jahrhunderts. Oberschöneweide ist zudem ein Menetekel der deutschen Wiedervereinigung: Die von der Treuhandanstalt (THA) im Auftrag der Bundesregierung durchgeführte Privatisierungs- und Liquidationspolitik führte dort zu Beginn der 1990er-Jahre zum Verlust von 90 Prozent der Arbeitsplätze und machte aus einem industriellen Zentrum in kürzester Zeit eine Industriebrache und Museumslandschaft.

Das Gebiet, in dem Dahme und Spree miteinander verschmelzen, glich nach dem Abklingen der letzten Kaltzeit einem verzweigten Delta mit vielen Flussarmen und Inseln[64]. Archäologische Funde zeigen, dass diese schutzbietende und fischreiche Gegend seit etwa 4.000 Jahren besiedelt war. Die frühesten Indizien für eine slawische Burg auf der Köpenicker Schlossinsel wurden mit dendrologischen Verfahren auf das Jahr 849 datiert.

Die Altstadt (links) und das Schloss (rechts) von Köpenick liegen auf separaten Inseln der Dahme, eine Reminiszenz an die komplexe geographische Geschichte des Gebiets. Besonders auffällig auch das Rathaus von 1905 (links).

Die Köpenicker Schlossanlage, 1677 für den späteren König Friedrich I. errichtet, ist in die Geschichte als der Ort eingegangen, an dem König Friedrich Wilhelm I. 1730 das Kriegsgerichtsverfahren gegen seinen Sohn Friedrich und dessen Freund Hans Hermann von Katte stattfinden ließ.

1157 unterwarf der Askanier Albrecht der Bär den Fürsten des slawischen Stammes der Sprewanen, Jaxa von Köpenick. Daraufhin wurde Köpenick eine markgräfliche Burg, während die slawischen Bewohner in den »Kiez« (vom slawischen »chyca«, Fischerhütte) verdrängt wurden und einen, durch Reduzierung der bürgerlichen Rechte charakterisierten Sonderstatus erhielten. Dieser Sonderstatus wurde – erstaunlicherweise – erst 1898 aufgehoben. Köpenick wurde urkundlich erstmals 1210 als »Copenic« erwähnt, was sich vom slawischen »ta copan« (»Inselort«) ableitet. Später bürgerte sich der Name »Cöpenick« ein, der seit 1931 »Köpenick« geschrieben wird. 1298 wurde Köpenick als »oppidum« (Marktflecken) und 1325 als »civitas« (Stadt) bezeichnet. Es folgten lange Perioden, in denen Köpenick eine sehr kleine Ansiedlung mit weniger als 100 Einwohnern blieb. Im Dreißigjährigen Krieg (1618–1648) sank die Zahl der bewohnten Häuser auf 14 ab. Erst das Eintreffen einiger Hugenotten im Jahr 1686 stoppte den Bevölkerungsschwund und führte im 18. Jahrhundert durch Errichtung von Textilmanufakturen zu einem bescheidenen Aufschwung.

Bis zu jener Zeit war das Schloss der Kristallisationspunkt des Ortes. 1571 ließ Kurfürst Joachim II. von Brandenburg einen burgähnlichen mittelalterlichen Bau durch ein Renaissance-Jagdschloss ersetzen. Es hatte aber nur etwa 100 Jahre Bestand und wurde im Dreißigjährigen Krieg verwüstet. Das heutige Schloss stammt aus dem Jahr 1677 und wurde im Auftra-

Das 1905 in Betrieb genommene Rathaus Köpenicks zeichnet sich durch einen 54 hohen Turm und eine, im Stil der märkischen Backsteingotik gehaltene Fassade aus.

Am Eingang des Köpenicker Rathauses befindet sich seit 1996 eine von Spartak Babajan geschaffene Bronzestatue Wilhelm Vogts, der 1906 durch einen genialen Streich Preußische Obrigkeitsgläubigkeit bloßstellte und dem Köpenicker Rathaus schlagartig zu weltweiter Bekanntheit verhalf.

ge des Großen Kurfürsten von einem niederländischen Baumeisters errichtet. Das Schloss blieb jedoch ein Fragment aus Seitenflügel und Kapelle, Pläne für einen Hauptflügel wurde nie realisiert. Obwohl Kurfürst Friedrich III. 1679 das Schloss zu seinem Wohnsitz erkor, fand es unter nachfolgenden preußischen Herrschern wenig Gegenliebe und wurde 1804 sogar für eine geringe Summe an einen Privatmann verkauft, nur um 14 Jahre später für die doppelte Summe vom preußischen Staat wiedererworben zu werden. Seitdem hat es unter anderem als Gefängnis, Schullehrerseminar, Internat, militärische Dienststelle, Volksbildungseinrichtung und Sitz des Volkskunstensembles der DDR gedient. Nach der Wiedervereinigung wurde das Schloss renoviert und zu einem Kunstgewerbemuseum gemacht.

Obwohl das von den Hugenotten in Köpenick initiierte Textilhandwerk im Siebenjährigen Krieg (1756–1763) zusammenbrach, legte es doch den Grundstein für den späteren Aufschwung. Um Baumwollstoffe effektiver bleichen zu können, wurde 1826 eine chemische Fabrik eingerichtet. 1830 gründete Henriette Lustig, mittellose Mutter von 14 Kindern, eine Lohnwäscherei, der bald Dutzende andere folgten und Köpenick in die »Waschküche« Berlins verwandelten. 1871 verlegte Wilhelm Spindler den Hauptsitz seiner 1832 in Berlin-Mitte gegründeten Dampfwäscherei und Färberei auf die Spreewiesen nördlich von Köpenick. In kurzer Zeit entstand auf dem später Spindlersfeld genannten Areal eine große Fabrik einschließlich zahlreicher Werkswohnungen und Sozialeinrichtungen.

Die rasante Entwicklung Köpenicks schuf auch die Grundlage für einen ge-

Köpenick war ein Schwerpunkt des DDR-Wohnungsbaus und wurde ab 1971 unter anderem mit den Allende-Vierteln versehen, die heute etwa 7000 Wohnungen umfassen.

waltigen Prozess, der 1897 mit der Verlegung des Hauptstandorts der »Allgemeine Elektricitäts-Gesellschaft« (AEG) von Berlin-Mitte an das »Spreeknie« in Oberschöneweide begann. Die AEG[65] war 1883 von Emil Rathenau in Berlin-Mitte, nahe des Stettiner Bahnhofs, gegründet worden. Rathenau, Sohn eines aus Prenzlau stammenden jüdischen Getreidehändlers, besuchte das Gymnasium »Zum Grauen Kloster« in Berlin, absolvierte eine Maschinenbaulehre in dem oberschlesischen, seinem Großvater mütterlicherseits, Joseph Liebermann, gehörenden Eisenwerk »Wilhelmshütte« und studierte anschließend Maschinenbau in Hannover und Zürich.

Die von Dietrich Rohde geschaffene Büste Salvador Allendes führte 2013 in der Köpenicker Bezirksverordnetenversammlung zu heftigen Auseinandersetzungen, die schließlich zur Umsetzung der Büste innerhalb des Allende-Viertels führte.

Die ehemalige »Elektropolis« in Oberschöneweide – dem Kunsthistoriker Norbert Huse zufolge für Berlin nicht weniger charakteristisch und wichtig als die Museumsinsel – besteht unter anderem aus dem 1910 direkt am Ufer erbauten Lagerhaus des Kabelwerks Oberspree (Mitte rechts) und dem ältesten, aus der Gründungszeit um 1897 stammenden Hallenblock (Mitte links). Flankiert werden die alten Gebäude von einem DDR-Bau (links) und einem Neubau der Hochschule für Technik und Wirtschaft (rechts).

Im Alter von 27 Jahren erwarb er zusammen mit einem Schulfreund eine kleine Maschinenfabrik in Berlin, die anfangs mit der Herstellung portabler Dampfmaschinen erfolgreich war, aber während der Wirtschaftskrise 1875 in Konkurs ging. Mit 37 Jahren trat Rathenau deshalb in den frühen Ruhestand ein, nahm aber als Privatier lebhaften Anteil an der wissenschaftlichen und wirtschaftlichen Entwicklung. Bei der Internationalen Elektrizitäts-Ausstellung in Paris lernte er 1881 Edison und seine neueste Erfindung, die Kohlefadenglühlampe, kennen. Er erwarb die Patente für Deutschland und gründete zu deren Nutzung die »Deutsche Edison-Gesellschaft für angewandte Elektricität«. Der Produktionsort befand sich in der Schlegelstraße 26/27 nahe des Stettiner Bahnhofs, wo im ersten Geschäftsjahr 138 Dynamomaschinen und 12.000 Glühbirnen hergestellt wurden und damit einen Gewinn von 175.000 Goldmark erwirtschaftet wurde. Das erlaubte der Gesellschaft, die Produktpalette auszuweiten und schon 1887 einen weiteren Standort in Berlin-Gesundbrunnen zwischen Ackerstraße und der Hussitenstraße – nun unter dem Namen AEG – in Betrieb zu nehmen. Nach einer atemberaubenden Expansion, die auch ausländische Niederlassungen einschloss, suchte die AEG ab 1890 nach einem weiteren Firmengelände im Berliner Raum und fand es in Oberschöneweide. 1895 wurde dort das AEG-Drehstromwerk und 1896 das AEG-Kabelwerk errichtet. Andere große Fabriken folgten dem Beispiel der AEG und zogen nach Oberschöneweide, unter anderem die Lampenfabrik Fister (1897), das Kupferwalzwerk (1898), die Deutsche Niles Werkzeugmaschinenfabrik (1898), die Neue Automobilgesellschaft (1901), das Gaswerk (1905), die Norddeutschen Eisenwerke (1905) und die Nationale Automobilegesellschaft (1914). In wenigen Jahren entstand so der größte industrielle Ballungsraum Europas mit 25 großen und zahlreichen kleineren Fabriken. Die AEG und die anderen Firmen errichteten

Das Lagerhaus des Kabelwerks Oberspree wurde 1910 von Gottfried Klemm nach Art älterer Stockwerksfabriken aus gelben und hellroten Backsteinen errichtet und mit einem teilweise verglasten Satteldach versehen.

neben den Fabriken auch Wohnungen für ihre Arbeiter, so dass die Einwohnerzahl Oberschöneweides von 625 im Jahr 1885 auf 26.000 im Jahr 1920 stieg. Ihren Zenit erreichte die AEG kurz vor dem Ersten Weltkrieg. Die Produktpalette reichte nun von Haushaltsgeräten über Autos und Lokomotiven bis zu Kraftwerken. Mit 70.000 Mitarbeitern und einem Umsatz von jährlich 450 Millionen Goldmark war sie zu einem der bedeutendsten Elektrokonzerne der Welt aufgestiegen und wurde in dieser Sparte nur von General Electric und Westinghouse, nicht aber Siemens übertroffen. Der Erfolg beruhte ganz wesentlich auf den besonderen Fähigkeiten Emil Rathenaus. Er war weniger Erfinder und Ingenieur als Finanzgenie und Manager. Er ließ sich von der Ansicht leiten, dass der Zweck eines Unternehmens einzig darin bestehe, Geld für seine Teilhaber zu erwirtschaften, also von dem, was man heute als »shareholder value« bezeichnet. Neu war auch sein Bestreben, dem Unternehmen mit Hilfe hervorragender Künstler wie Peter Behrends ein unverwechselbares Erscheinungsbild – eine »Corporate Identity« – zu verleihen. Emil Rathenau zog sich 1912 aus dem Tagesgeschäft zurück und starb 1915 im Alter von 77 Jahren.

Rathenau hatte mit seiner Frau Mathilde, Tochter des Frankfurter Bankiers Isaak Nachmann, drei Kinder, Walther, Erich und Edith. Als Ältester war Walther präde-

Ein Blick in den Versandhof des Kabelwerks Oberspree.

stiniert, das Werk des Vaters fortzusetzen[66]. Er fühlte sich aber eher zum Dichter und Philosophen denn Industriellen berufen und führte eine Art Doppelexistenz. Kurz vor Beginn des Ersten Weltkriegs schlug er dem Kriegsministerium vor, die Verteilung kriegswichtiger Rohstoffe mit Hilfe einer besonderen Abteilung zu organisieren. Die Kriegsrohstoffabteilung wurde eingerichtet und von Walther Rathenau von August 1914 bis März 1915 geleitet. 1922 trat er als Außenminister der Reichsregierung bei und wurde noch im selben Jahr auf offener Straße, an der Ecke Königsallee/Wallotstraße in Berlin-Grunewald, von Rechtsradikalen, die ihm unterstellten, Deutschland bei der Aushandlung des Versailler Vertrags geschädigt zu haben, erschossen.

Der Erste Weltkrieg schnitt die AEG von den Weltmärkten ab und brachte den Verlust ihres ausländischen Besitzes mit sich. Rüstungsaufträge milderten die Einbußen allerdings beträchtlich. In der Nachkriegszeit kam es zu schwere Managementfehlern, so dass es der General Electric 1929 gelang, sich bei der AEG einzukaufen. Trotz der Finanzspritze stand die AEG 1932 am Rande der Zahlungsunfähigkeit, die nur durch einen drastischen Kapitalschnitt abgewendet werden konnte. Ab 1933 passte sich die angeschlagene AEG an die Ideologie des nationalsozialistischen Regimes an und wurde zu einem der größten deutschen Rüstungskonzerne. Dies schloss auch die Beschäftigung und Ausbeutung einer großen Zahl von Zwangsarbeitern ein. Von den mehr als 3.000 Sammelunterkünften für Zwangsarbeiter, die über das Berliner Stadtgebiet verteilt waren, hat sich einzig das in Oberschöneweide erhalten. Seit 2006 ist es als Dokumentationszentrum öffentlich zugänglich.

Nach dem Zweiten Weltkrieg wurden alle Betriebstätten der AEG, die auf sowjetisch kontrolliertem Gebiet lagen, enteignet und demontiert, was zum Verlust

Die Kreuzung der beiden belebtesten Straßen Oberschöneweides – Wilhelminenhofstraße und Edisonstraße – liegt im Zentrum der ehemaligen Transformatorenfabrik Oberschöneweide und hat wegen ihrer intensiven Industrie-Atmosphäre Vergleiche mit Chicago inspiriert.

von 75 Prozent des Bilanzwertes führte. Die Anlagen in Oberschöneweide wurden von der DDR in Form sechs volkseigener Betriebe (VEB) weitergeführt: dem VEB Metallhütten und Halbwerkzeuge, dem Institut für Nachrichtentechnik, dem Transformatorenwerk (TRO), dem Kabelwerk Oberspree (KWO), dem Werk für Fernsehelektronik und dem Batteriewerk (BAE). Die Werke florierten und beschäftigten zeitweilig über 30.000 Mitarbeiter. Um die große Belegschaft unterbringen zu können, wurden südlich der Altstadt von Köpenick im Kietzer Feld und im Amtsfeld große Plattenbausiedlungen errichtet. Das in zwei Abschnitten aufgebaute Salvador-Allende-Viertel war zeitweilig das größte Wohnungsbauprojekt Ost-Berlins.

Nach der Wiedervereinigung gerieten sämtliche Industriewerke Oberschöneweides in den Besitz der THA. Die Geschichte der THA[67-71] aber hat einen ironischen und traurigen Aspekt, denn sie wurde ursprünglich, im Juni 1990, auf Vorschlag der DDR-Oppositionsgruppe »Demokratie jetzt« von der DDR unter dem Namen »Anstalt zur treuhänderischen Verwaltung des Volkseigentums« gegründet. Sie sollte sicherstellen, dass das Staatseigentum der DDR bei der Vereinigung mit der BRD den Bürgern der DDR zugutekäme. Die Regierung der BRD unter Kanzler Helmut Kohl bewirkte jedoch bereits im Juli 1990, dass Rainer Maria Gohlke, Vorstandsvorsitzender der Bundesbahn, zum Präsident der THA ernannt und der Führungsstab der THA ausschließlich mit westdeutschen Technokraten und Politikern besetzt wurde. Gohlke trat schon nach wenigen Monaten wegen Kompetenzstreitigkeiten zurück, woraufhin Detlev Karsten Rohwedder aufrückte. Er wurde im April 1991 von Mitgliedern der Rote-Armee-Fraktion (RAF) ermordet und durch Birgit Breuel ersetzt, die die THA bis 1995 leitete. Anschließend wurde die THA aufgespalten und ihr größ-

Das Gebäude der Nationalen Automobil-Gesellschaft (NAG) wurde im Ersten Weltkrieg nach Plänen von Peter Behrens errichtet und diente bis in die 1930er-Jahre der Produktion von Lastwagen. In den einfachen Bauformen wie Wandpfeilern und Stufengesimsen werden Anklänge an die Frührenaissance gesehen.

ter Teil als »Bundesanstalt für vereinigungsbedingte Sonderaufgaben« (BvS) weitergeführt.

Breuel zufolge[72] war es die Aufgabe der THA ihre von der DDR übernommenen Besitzungen schnell zu privatisieren, wo möglich zu sanieren oder behutsam stillzulegen. Diese vermeintlich vernünftige und gemäßigte Zielsetzung führte aber in der Praxis zu folgendem Ergebnis: Bei Aufnahme der Tätigkeit im Sommer 1990 war die THA die größte Industrieholding, die jemals bestanden hat. Ihr Besitz bestand aus über 14.000 ostdeutschen Betrieben. Hinzu kamen 17,2 Milliarden Quadratmeter Argarflächen und 19,6 Milliarden Quadratmeter Forstflächen, was mehr als einem Drittel der Gesamtfläche der DDR entspricht. Weiterhin unterstanden ihr etwa 40.000 Einzelhandelsgeschäfte und Gaststätten, einige tausend Buchhandlungen, Hunderte Kinos und Hotels sowie einige tausend Apotheken. Sie war Arbeitgeber von etwa vier Millionen Menschen, entsprechend zwei Dritteln aller Erwerbstätigen der ehemaligen DDR. Bei ihrer Auflösung im Jahr 1995 hatte die THA 6.546 Betriebe vollständig privatisiert, 3.718 liquidiert, 1.588 reprivatisiert und 310 kommunalisiert. Die Zahl der Arbeitsplätze, die der THA anfangs unterstellt worden waren, war von 4,1 Millionen auf 1,5 Millionen gesunken, die Arbeitslosigkeit auf dem Gebiet der ehemaligen DDR zeitweilig auf über 17 Prozent gestiegen. Den Veräußerungswert der DDR-Betriebe und DDR-Immobilien hatte Rohwedder 1990 auf etwa 600 Milliarden D-Mark geschätzt. Jedoch schloss die THA 1995 mit einem Defizit von 126 Milliarden Euro ab. Vom Produktionsvermögen der DDR waren zu dieser Zeit 80 Prozent an Westdeutsche, 14 Prozent an Ausländer und 6 Prozent an ehemalige DDR-Bürger gegangen.

Die Eingangshalle des NAG-Gebäudes erstreckt sich über vier Etagen und unterstützt durch umlaufende Galerien und ein geometrisch gemustertes Oberlicht die Renaissance-Assoziationen.

Das Urteil über die Arbeit der THA war und ist widersprüchlich. Von der Bundesregierung und einigen westdeutschen Juristen, Ökonomen und Historikern wurde die Arbeit der THA gelobt[73], von der Mehrheit der Autoren aber von Anfang an scharf kritisiert[67,70,74-77]. Es wurde unter anderem nachgewiesen, dass die größte je durchgeführte wirtschaftliche Operation unter einen enormen, völlig unangemessenen Zeitdruck gestellt und von einem hastig zusammengewürfelten, teilweise inkompetenten Mitarbeiterstab durchgeführt wurde. Besonders schwer wirkte sich aus, dass bei den Transaktionen der THA ein Wechselkurs zwischen West- und Ostmark von 1:1 galt. Das entsprach einer Aufwertung der Ostmark auf 400 Prozent und ließ alle ostdeutschen Betriebe über Nacht unrentabel erscheinen. Hinzu kam echte Wirtschaftskriminalität in großem Ausmaß. Hingegen wurde der Wiederstand ostdeutscher Arbeiter gegen die Maßnahmen der THA ignoriert[77]. Aus diesen Gründen ist die Arbeit der Treuhand bis heute eine schwärende Wunde der Wiedervereinigung und wahrscheinlich das größte Hindernis für das so häufig beschworene »Zusammenwachsen von Ost und West«[78]. Um die Situation zu bessern, wäre eine wissenschaftliche Aufarbeitung der THA-Arbeit erforderlich, jedoch hält das Bundesfinanzministerium die THA-Akten unter Verschluss und wird sie ohne äußeren Druck erst 2050 freigegeben[78].

In Oberschöneweide ging unter der Regie der THA die Zahl der Arbeitsplätze besonders drastisch zurück, nämlich von etwa 30.000 auf 3.000. Alle großen Werke wurden privatisiert und von den neuen Besitzern nach mehr oder weniger kurzen Zwischenspielen stillgelegt und abgewickelt. Heute sind nur noch einige kleinere Unternehmen mit der Produktion von mikroelektronischen Komponenten beschäftig. Die Atmosphäre wird hingegen von Ausbildung und Kunst geprägt. Die Hochschule für Technik und Wirtschaft ist in die restaurierten und erneuerten Gebäude des KWO eingezogen und bestimmt mit derzeit etwa 13.500 Studenten das Erscheinungsbild. Der »Industriesalon Oberschöneweide« hat sich die Erschließung der Industrielandschaft für den Tourismus zum Ziel genommen und betreibt zu diesem Zweck ein Besucherzentrum mit Museum und Mediathek. Die Wohngebiete wurden durchweg renoviert. Erstaunlich ist, dass die Atmosphäre der ehemaligen »Elektropolis« an manchen Stellen, selbst 25 Jahre nach Abwicklung, noch sehr präsent ist, zum Beispiel im Versandhof des KWO und an der Ecke Wilhelminenhof-/Edisonstraße.

Erkner: Wiege von Naturalismus und Kunststoffzeitalter

15

Die brandenburgische Kleinstadt Erkner liegt im äußersten Südosten des Berliner Raums. Ihren Ursprung hat sie in einem friderizianischen Kolonistendorf, das im Rahmen der Brandenburgisch-Preußischen »Peuplierungspolitik« des 17. und 18. Jahrhunderts gegründet wurde. Unter den etwa 25 Kolonistendörfern des Berliner Raums zeichnet sich Erkner dadurch aus, das sich seine Entstehung präzise auf die Ansiedlung dreier pfälzischer Bauernfamilien im Oktober 1748 zurückverfolgen lässt. Aus der winzigen Urzelle entwickelte sich eine Ortschaft, die in ihrer ursprünglichen Bestimmung zu Landwirtschaft und Seidenproduktion nicht sonderlich erfolgreich war, aber zur deutschen Literaturgeschichte bedeutende Beiträge leistete und mit der 1910 erfolgten Gründung der Bakelite-Werke sogar weltweite Geltung als »Wiege des Kunststoffzeitalters« errang. Das alte Erkner fand am 8. März 1944 bei einem Angriff der britischen Luftwaffe ein Ende und erlangte erst wieder in den 1970er-Jahren durch die Produktion von Kunststoffen Bedeutung. Nach der Wiedervereinigung wurde es in ähnlichem Ausmaß wie Oberschöneweide deindustrialisiert und quasi auf seinen Ausgangspunkt zurückgeworfen.

Im Dreißigjährigen Krieg verlor die Mark Brandenburg etwa die Hälfte seiner Bevölkerung[79]. Der Große Kurfürst ließ deshalb gezielt Arbeitskräfte im europäischen

Erkner liegt am Dämeritzsee, einem traditionsreichen Knotenpunkt der Schifffahrt, von dem aus nicht nur Nahziele wie Berlin und Rüdersdorf, sondern auch entfernte Regionen wie Schlesien und das Rhein-Ruhr-Gebiet erreicht werden können.

Das älteste Haus Erkners, 1761 von der pfälzischen Kolonistenfamilie Schneider errichtet, dient heute als Heimatmuseum.

Ausland anwerben und Glaubensflüchtlinge vielerlei Herkunft aufnehmen. Neben bevölkerungspolitischen und wirtschaftlichen Motiven spielten für ihn dabei auch humanitäre und religiöse Gründe eine Rolle. So erhielten 1670 einige wohlhabende jüdische Familien aus Wien die Erlaubnis, sich in Brandenburg niederzulassen. Das 1685 erlassene Edikt von Potsdam ermöglichte dann etwa 20.000, vorwiegend französisch sprechenden Glaubensflüchtlingen sich in Brandenburg anzusiedeln. Sie wurden pauschal als Hugenotten bezeichnet, kamen aber nicht nur aus Frankreich, sondern auch aus den Niederlanden, der Schweiz, Böhmen und mehreren anderen Ländern. Die Preußischen Könige Friedrich I., Friedrich Wilhelm I. und Friedrich II. setzten die Bevölkerungspolitik unvermindert fort. Allein im Berliner Raum entstanden etwa 25 sogenannte Kolonistendörfer, unter denen sich neben dem »pfälzischen« Erkner die »böhmische« Weberkolonie Nowawes bei Potsdam, die »schlesische« Weberkolonie in Friedrichshagen und das, wiederum mit böhmischen Webern belegte Rixdorf (Neukölln) finden[80].

Friedrich I. aber hatte ein besonders Faible für Seide und wandte beträchtliche Mittel auf, sie aus dem Ausland kommen zu lassen[81]. Nachdem der Bürgermeister von Cremmen, Johann Grüwel, 1690 »bewiesen« hatte, dass die Kultivierung von Maulbeerbäumen und die Zucht von Seidenraupen in Preußen möglich ist, erließ Friedrich I. 1690 den Befehl, auf allen Staatsdomänen Seidenmanufakturen einzurichten[81]. Trotz geringer Erfolge bei der Seidenproduktion verstärke Friedrich Wilhelm I. diese Anstrengungen ab 1716 und ließ ein »Department aller Seidenwürmer im ganzen Land« einrichten. Friedrich II.

In der 1861 von Julius Rütgers errichteten Fabrik für Teerdestillation wurde 1910 erstmals der Kunststoff Bakelite hergestellt und damit das Zeitalter des Kunststoffs eingeläutet. Das Relikt der Fabrik am Flakenfließ wird heute von einem Forschungsinstitut für Regionalentwicklung genutzt.

bot schließlich das gesamte Arsenal merkantilistischer Wirtschaftspolitik auf, um die Seidenproduktion zu steigern: Die Bevölkerung wurde insgesamt zur Maulbeerbaumkultivierung und Seidenproduktion aufgefordert, Maulbeerbaumsamen und Seidenraupen wurden kostenlos verteilt, das Anpflanzen von 1.000 Maulbeerbäumen wurde mit 50 Talern belohnt, hingegen die Ausfuhr von Maulbeerbäumen und deren Beschädigung unter Strafe gestellt. In diesem Zusammenhang wurde auch den neuzugezogenen Kolonisten regelmäßig die Seidenproduktion auferlegt. Jedoch waren alle Bemühungen letztlich vergebens, so dass die Seidenproduktion nach Friedrichs Tod weitgehend eingestellt wurde. Trotzdem hat sich eine beträchtliche Zahl der im 18. Jahrhundert gepflanzten und jetzt über 200 Jahre alten Maulbeerbäume erhalten. Knorrige Exemplare der Morus alba finden sich unter anderem auf dem Kirchhof Zehlendorf, in der Nähe des S-Bahnhofs Steglitz, an der Friedrichstraße in Berlin-Mitte, an der Bölschestraße in Friedrichshagen und schließlich auch im Zentrum Erkners.

Erkner wurde 1579 erstmals schriftlich als ein Flurstück namens Arckenow im Rüdersdorfer Kirchenbuch erwähnt[82]. Es lag verkehrsgünstig an der Pferdekutschenlinie Berlin-Frankfurt/Oder und erhielt schon 1712 eine eigene Poststation. Auf Anordnung Friedrichs II. wurden 1748 die pfälzischen Familien Neersbach, Schneider und Keller auf dem Buchhorst – einem Teil Erkners, der heute als Neuseeland bezeichnet wird – angesiedelt. Die Familien brachten 14 Kinder sowie ein Barvermögen von 1.600 Gulden mit und machten sich unverzüglich daran, das Land trocken zu legen und urbar zu machen. 1752 erhielt zudem der Quartiermeis-

In der Villa Lassen, einige hundert Meter südlich des Erkneraner Bahnhofs, verbrachte Gerhart Hauptmann die Jahre 1895 bis 1899 und legte dabei das Fundament seines literarischen Lebenswerks. Die Villa dient heute als Gerhart-Hauptmann-Museum.

Von den 1.500 Maulbeerbäumen, die 1752 in Erkner angepflanzt wurden, hat sich ein einziger erhalten. Er steht an der Hauptstraße Erkners, der Friedrichstraße, vor einem Wohnbau aus den 1970er-Jahren.

ter des Ziethenschen Husarenregiments, Gottfried Ludwig John, die Erlaubnis, in der Nähe der Kolonisten eine Plantage mit 1.500 Maulbeerbäumen zu errichten. John musste jedoch 1756 in den Siebenjährigen Krieg ziehen, so dass die Erkneraner Seidenproduktion niemals richtig in Schwung kam. Einer der damals gepflanzten Maulbeerbäume hat sich dennoch erhalten und ist an der Hauptstraße Erkners, mitten im stärksten Verkehr, vor einem Plattenbau aus der 1970er-Jahren zu bewundern.

Die staatlich verordnete Seidenproduktion brachte Erkner nicht den erhofften Erfolg. Es erschloss sich ihm aber eine ganz andere Einkommensquelle, seine Lage am Wasserweg zwischen den Rüdersdorfer Kalkbrüchen und Berlin. Folglich wurden um 1800 die meisten Einwohner Erkners im Schifffahrtsgewerbe tätig und beteiligten sich am Transport von Baumaterial nach Berlin. Die Verkehrslage blieb eine Zeit lang der bestimmende Faktor des Orts: 1842 wurde die Postkutschenlinie zwischen Berlin und Frankfurt/Oder durch eine Bahnlinie ersetzt. Erkner erhielt einen Haltpunkt und bald darauf einen Bahnhof. Das belebte den Ausflugsverkehr von Berlin enorm, machte Erkner zum Eldorado des Wassersports, ließ es aber auch als berlinnaher Wohnort attraktiv werden. All diese Faktoren führten schließlich dazu, dass Erkner auch als günstiger Industriestandort entdeckt wurde. 1861 gründete Julius Rütgers die erste Teerdestillationsanlage Europas in Erkner. Die Fabrik entwickelte sich in kurzer Zeit zum bedeutendsten wirtschaftlichen Faktor des Ortes und erzielte 1909 einen phänomenalen technologischen Durchbruch: Erstmals konnten härtbare Phenolharze – ihrem Erfinder Leo Baekeland zu Ehren als »Bakelite« bezeichnet – hergestellt und damit das Kunststoffzeitalter eingeläutet werden.

Die Beliebtheit Erkners als Wohnort erreichte 1889 einen Höhepunkt, als Carl Bechstein die Villa Tusculum am Schnellen Loch bauen ließ und dort bis zu seinem Tod im Jahr 1900 viele Pianisten und Komponisten empfing. Bechstein wurde 1826 in Gotha geboren und begann als 14-jähriger eine Klavierbauerlehre. Nachdem er sich in London und Paris fortgebildet hatte, gründete er 1853 eine Klavierfabrik in der Berliner Behrenstraße. Er integrierte alle Neuerungen der Zeit in seine Instrumente und machte sie durch Verwendung bester Materialien so stabil, dass sie auch größten

Die westlich Erkners gelegene und als Neu-Venedig bezeichnete Gegend war zu DDR-Zeiten eine exklusive Datschen-Kolonie der Parteigenossen und macht bis heute einen außerordentlich gepflegten Eindruck.

Strapazen – Liszts Werke waren hierfür der Goldstandard – standhalten konnten. Tatsächlich gewann Bechstein schnell die Anerkennung Liszts wie auch dessen, damals noch jungen, unbekannten Schülers Hans von Bülow. Es folgte ein rascher Aufstieg Bechsteins, so dass er seine Berliner Fabrik vergrößern und Konzertsäle in London und Paris einrichten konnte.

1885 zog Gerhard Hauptmann (1862–1946) – nach erfolglosen Versuchen auf den Gebieten der Bildhauerei und Malerei und dem Abbruch sowohl eines Studiums der Philosophie in Jena wie auch eines Geschichtsstudiums in Berlin – in die Villa Lassen in Erkner. Er selbst war mittellos, hatte aber kurz zuvor die wohlhabende Tochter eines Radebeuler Kaufmanns, Marie Thienemann, geheiratet. In Erkner, das wegen seiner Lage in wald- und seenreicher Gegend, aber auch wegen der angeblich heilsamen Teerdüfte als Kurort galt, wollte Hauptmann eine Lungenentzündung auskurieren. Aus einem kurzen Erholungsurlaub wurde ein vierjähriger Aufenthalt, in dem das junge Ehepaar drei Söhne bekam. In dieser Zeit auch kam Hauptmann mit dem Friedrichshagener Dichterkreis[83] in Kontakt, einer lockeren Vereinigung junger Bohemiens, die sich durch Rebellion gegen Salonliteratur und Historienkult und durch Propagierung des Naturalismus einen Namen in der Literaturgeschichte erworben hat. Die tragenden Mitglieder des Kreises wie Wilhelm Bölsche, Bruno Wille und die Brüder Hart mögen heute nur noch Experten ein Begriff sein. Aber andere, eher locker und kurzzeitig mit dem Kreis assoziierte Persönlichkeiten wie Lou Andreas-Salomé, Richard Dehmel, Knut Hamsun, Hugo Höppener alias Fidus, Else Lasker-Schüler, Erich Mühsam, Rudolf Steiner, Bertha von

Nach Durchqueren des großen, sumpfigen Gebiets um Neu-Venedig mündet die Spree in den Müggelsee, wo der Blick vom Strandbad Müggelsee in Rahnsdorf über den Müggelsee bis nach Friedrichshagen und Köpenick reicht.

Suttner, August Strindberg und Frank Wedekind sind unvergessen. Am wichtigsten aber war wohl, dass Hauptmann in seiner Erkneraner Zeit zu seiner literarische Bestimmung fand und hier die Erzählungen »Fasching« und »Bahnwärter Thiel« sowie das Drama »Vor Sonnenaufgang« schrieb. Die Uraufführung des Stücks am 20. Oktober 1889 im Lessing-Theater zu Berlin löste einen der größten Theaterskandale der Zeit aus und machte Hauptmann über Nacht zum bekanntesten Vertreter des Naturalismus in Deutschland.

Schon im Ersten Weltkrieg spielten die Rütgers-Werke mit der Herstellung von Benzol, Naphthalin und Toluol eine wichtige militärische Rolle. Die Chemikalien wurden unter anderem als Ausgangsstoffe für Antriebsmittel, Schiffsanstriche und Sprengstoffe verwendet. Im Zweiten Weltkrieg wurde die Rüstungsindustrie Erkners durch Errichtung einer weiteren Bakelite-Fabrik, besonders aber durch den Aufbau eines großen Kugellagerwerks mit etwa 2.000 Arbeitern verstärkt. Das führte auch dazu, dass Erkner von der britischen Luftwaffe als wichtiges Ziel eingestuft und seit Dezember 1943 angegriffen wurde. Der entscheidende Angriff[84] aber, der zum Ende des alten Erkners führte, fand am 8. März 1944 statt. Der Überlieferung nach wurden am Mittag des schönen Frühlingstags etwa 6.000 Brandbomben in nur 33 Minuten abgeworfen und dabei die Kugellager-, Bakelite- und Teerfabriken geringfügig, die Wohnbezirke aber fast komplett zerstört.

Nach dem Krieg ging der Wiederaufbau Erkners nur schleppend voran. Sechs Jahre wurden benötigt, um die gröbsten Trümmer abzuräumen. Die anderen Bauten wurden provisorisch instandgesetzt, so

Im »Rüdersdorfer Muschelkalk«, nördlich von Erkner, wird Kalk seit 700 Jahren im Tagebau gewonnen. Zudem identifizierte hier 1875 der schwedische Geologe Otto Torell die auf den Muschelkalkschichten eingravierten, parallelen Rillen als Gletscherschrammen, was der Theorie vom wiederholten Vordringen skandinavischer Gletscher nach Mitteleuropa zum Durchbruch verhalf.

dass Erkner über Jahrzehnte als »Barackenstadt« galt. Erst 1977 wurde Erkner in das Wohnungsbauprogramm der DDR aufgenommen und mit einer Zahl von Neubauten versehen. Die Rütgers-Werke wurden von der DDR mit gutem Erfolg als »VEB Plasta, Kunstharz- und Pressmassenfabrik« fortgeführt. Die dort produzierten Phenoplaste bildeten unter anderem das Ausgangsmaterial für die Karosserie des »Trabis«, dem verbreitetsten Automodell der DDR.

Nach der Wiedervereinigung wurden die Industrieanlagen Erkners von der Treuhandanstalt abgewickelt. Nur einige der alten Fabrikgebäude konnten erhalten und von Forschungsinstituten bezogen werden. Im ältesten Haus Erkners wurde ein Heimatmuseum eingerichtet. Die Stadtverwaltung machte die Bechstein-Villa zum Rathaus. Die Villa Lassen bot sich als authentischer Ort für ein Gerhard-Hauptmann-Museum an. Geblieben ist Erkners bevorzugte Lage, die zu Ausflügen in alle vier Himmelsrichtungen einlädt: Nach Norden über Woltersdorf zum Rüdersdorfer Kalksteinbruch[85], nach Osten zur Löcknitzer Seenkette, nach Süden zur mäandernden Spree, nach Westen zu Dämeritz- und Müggelsee.

Die 1874 in Rüdersdorf errichteten Schachtofenanlagen, auch als Kathedralen des Kalks bezeichnet, dienten bis 1967 der Herstellung von Brandkalk.

16 Flughafen Berlin Brandenburg: Auf Sand gebaut

Flughäfen sind Dreh- und Angelpunkte der Metropolen, gleichermaßen ihre Tore zur Welt, Schaufenster und Gelddruckmaschinen. Potentiell aber sind sie auch riesige Quellen von Lärm-, Gift- und Umweltschäden. Deshalb ist es für den Berliner Rand – und darüber hinaus für ganz Berlin und seine weitere Umgebung – von großer Bedeutung, dass seit 2008 auf dem Gebiet der Brandenburgischen Gemeinde Schönefeld südöstlich Berlins an der Errichtung eines neuen Flughafens gearbeitet wird. Zu ungewöhnlich heftigen Reaktionen der Öffentlichkeit hat aber geführt, dass sich der Bau des »Flughafen Berlin-Brandenburg Willy Brandt«, aviatisches Kürzel BER, im Verlauf eines Jahrzehnts zu einem nicht enden wollenden Prozess mit immer neuen Pannen, Terminverschiebungen und Kostensteigerungen entwickelt hat, ohne dass trotz jahrelanger Arbeit mehrerer Untersuchungsausschüsse Ursachen geklärt, Verantwortliche benannt und Abhilfe geschaffen werden konnte.

Die Probleme mit dem BER sind besonders schockierend, weil Berlin als Wiege der Flugtechnik gilt und eine lange Tradition im Flughafenbau hat[86,87]. Otto Lilienthal – 1848 in Anklam (Mecklenburg-Vorpommern) geboren und von 1867 bis zu seinem tödlichen Flugunfall im Jahr 1896 in Berlin wirkend – war der erste, der die Struktur von Tragflächen physikalisch analysierte und das Wissen anwandte, um Gleitflugzeuge zu konstruieren und sie nach zahlreichen Probeflügen in Serie herzustellen. 1893 ließ er zudem in Berlin-Steglitz einen befestigten Platz für die Erprobung seiner Apparaturen errichten, den man als ersten Flugplatz überhaupt bezeichnen kann. Kurz vor Beginn des Ersten Weltkrieges war die Flugtechnik soweit fortgeschritten, dass sie militärische Bedeutung gewann. So wurde in Berlin gleich an fünf Orten mit Fluggeräten experimentiert: In Karlshorst errichtete die Armee ein Flugerprobungsfeld mit

Das von Gerkan, Marg und Partnern entworfene Terminal des Flughafens Berlin Brandenburg vereint alles, was Passagiere brauchen, unter einem großen Dach.

Auf der Luftseite des Terminals können etwa 30 Flugzeuge andocken.

großen, noch heute existierende Hallen, in Joachimsthal entstand einer der ersten größeren Flugplätze für Propellerflugzeuge, in Staaken unterhielten die Zeppelin-Werke eine Fabrik für Luftschiffe, auch in Tegel und auf dem Tempelhofer Feld waren Luftschiffe stationiert. Nach dem Ersten Weltkrieg profilierte sich Tegel als der verkehrsreichste Passagierflughafen Europas, wurde aber 1936 von Tempelhof abgelöst, das vom Nationalsozialistischen Regime gigantisch ausgebaut worden war.

Die Vorgeschichte des Flughafens Schönefeld reicht weiter zurück, als man vielleicht meinen würde. 1934 errichtete dort die Firma Henschel eine Flugzeugfabrik. Ihr Werksflugplatz wurde 1946 von der sowjetischen Armee übernommen und ab 1947 von der DDR in mehreren Stufen zu ihrem »Zentralflughafen« erweitert.

In West-Berlin hingegen stand nach dem Zweiten Weltkrieg zunächst der Flughafen Tempelhof im Zentrum der Aufmerksamkeit, der von Juni 1948 bis Mai 1949 als Brückenkopf der »Luftbrücke« und anschließend dem innerdeutschen zivilen Luftverkehr diente. 2008 wurde er abrupt aufgrund des noch zu schildernden »Konsensbeschlusses« gegen den erheblichen Widerstand der Bevölkerung geschlossen. Pläne des Berliner Senats für eine Bebauung des Tempelhofer Felds scheiterten 2014 an einem Volksbegehren.

Von 1965 bis 1975 wurde der Flughafen in Tegel zum größten Berliner Flughafen ausgebaut und trägt bis heute (2017) die Hauptlasten des Berliner Flugverkehrs. Er zeichnet sich durch ein elegantes, hexagonales Terminal mit kurzen Wegen aus. Der anfangs geplante Bau eines zweiten, identischen Terminals kam nie zustande.

Auf der Landseite des Terminals führen Straßen- und Bahntrassen geradewegs in das Terminal.

Das im 13. Jahrhundert gegründete Dorf Selchow liegt unmittelbar am westlichen Ende der Start- und Landebahnen.

Nun droht ihm die endgültige Schließung. Sie soll spätestens sechs Monate nach Eröffnung des BERs erfolgen, ist aber umstritten.

Die große, guterhaltene Feldsteinkirche von Selchow geht auf die erste Hälfte des 13. Jahrhunderts zurück und enthält eine sehenswerte Herrschaftsloge sowie eine barocke Kanzel.

Die eigentliche Geschichte des BER begann schon unmittelbar nach dem Fall der Mauer 1989, schon im Vorgriff auf eine mögliche Wiedervereinigung. Die Berliner Politik und Wirtschaft schmiedete große Pläne für einen neuen Flughafen, der dem Status Berlins als deutscher Hauptstadt und dem erwarteten exponentiellen Bevölkerungs- und Wirtschaftswachstum gerecht werden und Berlin mit internationalen Drehkreuzen wie Frankfurt, Amsterdam

Der Bau des Flughafens Berlin Brandenburg zwang Selchow von der Land- zur Pferdewirtschaft überzugehen. Wie aber wird der Fluglärm den hellhörigen und nervösen Fohlen bekommen?

Der Flughafen Berlin Brandenburg bedroht die bedeutendsten Erholungsgebiete des Berliner Raums, Müggelsee und Wannsee, und zahlreichen Naturschutzgebiete und Vogelreservate wie die Notte, einen Nebenfluss der Dahme.

und Paris konkurrenzfähig machen sollte[88]. Zur Umsetzung der Pläne wurde 1991 eine Flughafen-Gesellschaft gegründet. Ihre Gesellschafter waren anfangs die Länder Berlin und Brandenburg, später kam der Bund hinzu. 1993 wurde von der Flughafengesellschaft ein Raumordnungsverfahren in Gang gesetzt, um mehrere, bereits im Berliner Raum existierende Flugplätze auf ihre Eignung für den Ausbau zum Großflughafen zu prüfen. Unter acht Orten wurden drei – Jüterbog, Schönefeld und Sperenberg – in die engere Wahl genommen und nach Kriterien wie Entfernung von Berlin-Mitte, Grundstückspreisen, Lärm- und Umweltbelastung sowie Anbindung und Erweiterungsmöglichkeiten bewertet. Sperenberg wurde zum Sieger gekürt, wobei allerdings seine Entfernung von Berlin-Mitte, die etwa 40 Straßen-Kilometer beträgt, negativ bewertet wurde. Eine solche Distanz ist aber bei internationalen Flughäfen nicht ausgewöhnlich[89]. Schönefeld erreichte nur den dritten Platz. Seine relative Nähe zu Berlin-Mitte (22 Straßen-Kilometer) war ein Pluspunkt, Grundstückspreise, Umsiedlung, Lärmbelastung und Erweiterungsmöglichkeiten aber Minuspunkte. Auf dieser Grundlage fällte ein Triumvirat, das aus Bundesverkehrsminister Wissmann, Berlins Regierendem Bürgermeister Diepgen und Brandenburgs Ministerpräsidenten Stolpe bestand, 1996 eine überraschende Entscheidung. In dem berühmt gewordenen »Konsensbeschluss« bestimmt es, dass 1. die Flughafenkapazitäten von Berlin und Brandenburg durch »qualifizierte Ertüchtigung« des Flughafens in Schönefeld ausgebaut, 2. der im Nordwesten Berlins liegende Flughafen Tegel und der am Rand des Berliner Zentrums liegende Flughafen Tempelhof geschlossen und 3. die Arbeiten in Schönefeld einem privaten Generalunternehmer übertragen werden sollten. Mit der Wahl von Schönefeld setzte sich das Triumvirat in präzedenzloser Weise über die Ergebnisse des Raumordnungsverfahrens hinweg. Jedoch erwiesen sich auch die anderen Teile des

Das Vogelschutzgebiet am Großmachnower Weinberg, ein Sammelpunkt der Kraniche und Störche, liegt direkt unter einer Flugschneise.

Konsensbeschlusses – Schließung von Tempelhof und Tegel, Privatisierung – schon bald als problematisch.

Als erstes scheiterten die Privatisierungspläne. Mängel bei der Ausschreibung und unrealistisch harte Konditionen verschreckten die Investoren. Daraufhin machte sich die Flughafengesellschaft selbst zum Bauherrn und schrieb einen Wettbewerb für die Gestaltung des BER aus. Die prämierten Pläne stammen vom Architekturbüro Gerkan, Marg und Partner und sehen im Wesentlichen ein Fluggastterminal und ein als »Airport City« bezeichnetes Dienstleistungszentrum vor, beide gerahmt von zwei parallelen Start- und Landebahnen und direkt verbunden mit Bahn- und Autowegen. Im Terminal sind alle für die Passagiere relevanten Funktionen unter einem (sehr großen) Dach versammelt. Für den Entwurf beantragte die Flughafengesellschaft 1999 ein Planfeststellungverfahren, das 2004 genehmigt, aber sofort mit etwa 4.000 Widersprüchen belegt wurde. Diese wurden von einem Verwaltungsgericht in Leipzig allesamt zurückgewiesen, so dass die Baugenehmigung 2006, wenn auch mit verstärkten Schallschutzbestimmungen, rechtskräftig wurde. Noch im selben Jahr erfolgten der erste Spatenstich und die Ankündigung, dass der BER seinen Betrieb im November 2011 aufnehmen werde. 2008 wurde mit dem Bau des Terminals begonnen und der Flughafen Tempelhof geschlossen.

Als 2010 die Fertigstellung des BER kurz bevorzustehen schien, legte die Deutsche Flugsicherung (DFS) einen Plan für die endgültigen Flugrouten vor. Um die Kapazität der beiden parallelen Start- und Landebahnen voll ausnutzen zu können, sah er Flugrouten vor, die sich kurz nach dem Start auffächern. Im Planfeststellungsverfahren waren jedoch Routen beantragt worden, die anfangs geradlinig gebündelt sind und deshalb einen viel kleineren Bereich überstreichen und mit Fluglärm belasten. Außerdem waren, ebenfalls abweichend vom Feststellungsantrag, Routen mit etwa 120 Flügen pro Tag über die beiden größten Erholungsgebiete Berlins, Müggelsee und Wannsee, vorgesehen. Der Plan erregte große Empörung in den betroffenen Gebieten. Bürgerinitiativen fanden zudem heraus, dass die ökonomische Notwendigkeit aufgefächerter Flugrouten der DFS und der Flughafengesellschaft schon vor Einreichen des Planfeststellungsantrags 1999 bekannt, aber aus strategischen Gründen der Öffentlichkeit vorenthalten worden war, ein Manöver, das unter Flughafenkritikern als Flugroutenbetrug bezeichnet wird. Aber wiederum wiesen die Gerichte fast alle Klagen, die sich gegen die Flugrouten richteten, ab. So konnte die DFS ihren Flugrouten-Plan 2012 in leicht modifizierter Form an das Bundesaufsichtsamt für Flugsicherung (BAF) weiterleiten und dessen Erlass erwirken.

Die Bautätigkeit war derweilen von Fehlschlägen, Pannen und Korruption geplagt. Die Probleme teilten sich der Öffentlichkeit vorwiegend als Eröffnungsverschiebungen und Kostensteigerungen mit. So wurde der Eröffnungstermin von November 2011 auf Juni 2012, März 2013, Oktober 2013, irgendwann in den Jahren 2014/2015, Ende 2017 und unbekannt verschoben. Die Kostenprognose stieg von 0,8

(2004) auf 1,7 (2010), 2,4 (2011), 2,9 (2012), 4,9 (2013) und 6,5 (2016) Milliarden Euro. Im Gefolge dieser Ereignisse entließ der Aufsichtsrat im Mai 2012 den Planungschef Manfred Körtgen und beendete die Zusammenarbeit mit dem Planungskonsortium, zu dem auch das Büro Gerkan, Marg und Partner gehörte. Im August 2013 legte Matthias Platzeck den Vorsitz des Aufsichtsrats nieder, während Klaus Wowereit im Dezember 2013 im Wesentlichen wenn auch nicht ausschließlich wegen des BER, von allen Ämtern einschließlich dem des Regierenden Bürgermeisters von Berlin zurücktrat. Der 2013 neu eingesetzte Geschäftsführer Hartmut Mehdorn zog sich im Mai 2015 zurück. Der für 2017 angekündigte Eröffnungstermin wurde wieder zurückgezogen, ohne dass ein neuer genannt werden konnte.

Schon 2012 setzte das Berliner Abgeordnetenhaus auf Antrag der oppositionellen Piratenpartei und gegen den Widerstand der Regierungsparteien SPD und CDU einen Untersuchungsausschuss ein, um die Ursachen der Kostensteigerungen und Terminüberschreitungen beim Bau des BER aufzuklären. Nach zwei Zwischenberichten wurde der Abschlussbericht[90] im Juni 2016 veröffentlicht. Es ist ganz wesentlich dem Vorsitzenden des Untersuchungsausschusses, Martin Delius, zu verdanken, dass die vielen Facetten des komplexen Verfahrens – von anfänglicher Wiedervereinigungs-Euphorie und -Großmannssucht über Baufeld-Ost-Spekulation und Standortentscheidung bis zum Unvermögen der Flughafengesellschaft, ihrer Verschweigenskultur, dem Flugroutenbetrug, dem Aufsichtsratsversagen, den mehr als 286 Bauänderungen, den Defekten an Entrauchungsanlage, Datenleitungen und Notstromversorgung und der Kündigung der Generalunternehmer einschließlich Gerkan, Marg und Partnern – in einmaliger Vollständigkeit, Differenziertheit und, soweit möglich, Vorurteilsfreiheit offengelegt wurden. Und doch sind praktisch alle

Auch der Rangsdorfer See und sein Naturschutzgebiet wurde den Flugplatzinteressen untergeordnet.

wichtigen Fragen nach Ursachen, Verantwortung und Abhilfe offen geblieben.

Sicher ist, dass eine Fertigstellung und Inbetriebnahme des BER enorme Konsequenzen für die funktionale Struktur des Berliner Rands wie der ganzen Berliner Region haben werden[88]. Mit der Schließung des Flughafen Tegels und der Eröffnung des BERs würden zum Beispiel 10.000 Arbeitsplätze quasi über Nacht vom Norden in den Süden verschoben. Andererseits könnten in dem vom Berliner Senat projektierten »Entwicklungskorridor« zwischen BER, Adlershof und dem Berliner Zentrum zehntausende neuer Arbeitsplätze entstehen. Weiterhin könnte sich ein »Kraftdreieck« zwischen BER, Berliner Zentrum und Potsdam herausbilden, so dass im Ganzen der Norden Berlins – zumindest in wirtschaftlicher Hinsicht – abgewertet, der Süden aber aufgewertet würde. Um solche Effekte zu dämpfen oder möglichst positiv zu nutzen, wird von Städteplanern empfohlen, die drei Flughäfen Tempelhof, Tegel und BER »zusammenzudenken« und dabei Tempelhof und Tegel als »Möglichkeitsräume« für innovative Ansätze bei Klimaeffizienz, Tourismus, innerstädtischer Landwirtschaft und gesellschaftlicher Teilhabe zu nutzen.

17 Hufeisensiedlung Britz: Behagliche Moderne

Die Hufeisensiedlung wurde von 1925 bis 1930 im südlichen Berliner Rand nach Plänen von Bruno Taut, Martin Wagner und Leberecht Migge errichtet. Sie war die erste Großsiedlung Deutschlands mit mehr als 1.000 Wohnungen. Sie erlangte besonders deshalb weltweite Anerkennung, weil sie im Grunde eine begeh- und bewohnbare, expressionistische Riesenskulptur darstellt, dessen Formen- und Farbensprache die Aufbruchsstimmung nach dem Ersten Weltkrieg mit ihren Utopien von Freiheit und sozialem Ausgleich ausdrückt. Sie ist zudem – im Gegensatz zur benachbarten Gropiusstadt – ein Paradigma für die sinnvolle Nutzung von Freiräumen und Experimentierfeldern im Stadtrand.

In Berlin herrschte nach Ende des Ersten Weltkriegs eine extreme Wohnungsnot. Die Weimarer Verfassung sicherte jedoch »jedem Deutschen eine gesunde Wohnung

Die Rote Front, eine lange, stadtmauerartige Häuserzeile, bildet die östliche Grenze der Hufeisensiedlung und grenzt sie scharf von einer benachbarten, traditionellen Siedlungen ab.

Ein Modul der Roten Front besteht aus einem vorstehenden Treppenhaus und drei Etagen mit je zwei 1½-Zimmerwohnungen. Schlafzimmer und Bad liegen zur Straßenseite, Wohnzimmer und Küche mit Balkon zur Gartenseite.

und allen deutschen Familien, besonders den kinderreichen, eine ihren Bedürfnissen entsprechende Wohn- und Wirtschaftsheimstätte« zu. Sozialdemokratisch geführte Regierungen suchten dieser Verpflichtung nachzukommen, indem sie 1924 eine Steuer auf Immobilienbesitz, die sogenannte Hauszinssteuer, einführten und deren Ertrag gemeinnützigen Wohnungsbaugesellschaften zugänglich machte. Die Maßnahme war ungewöhnlich erfolgreich, so dass allein in Berlin zwischen 1924 und 1930 etwa 135.000 neue Wohneinheiten entstanden. An dieser enormen, selbst von den ost- und westberliner Wohnungsbauprogrammen der 1960-80er-Jahre nicht wieder erreichten Leistung hatte der Berliner Stadtbaurat Martin Wagner als Organisator, Architekt und Stadtplaner großen Anteil. Aus der Zusammenarbeit Wagners mit der Avantgarde der Berliner Architekten entstand eine Vielzahl von Siedlungen, die nicht nur durch Quantität, sondern mehr noch durch innovative Kraft und hohe architektonische Qualität herausragen. Diese Bauten riefen schon direkt nach Vollendung große Bewunderung hervor und dienten vielen anderen europäischen Städten als Vorbild.

2008 wurden die Gartenstadt Falkenberg, die Siedlung Schillerpark, die Hufeisensiedlung Britz, die Wohnstadt Legien, die Weiße Stadt und die Großsiedlung Siemensstadt in die Welterbeliste der

Auf der Rückseite hält die Rote Front für jede Wohnung einen der Selbstversorgung und »Wohnraumerweiterung« dienenden Garten bereit.

UNESCO aufgenommen. Diese Siedlungen haben zusammen etwa 10.000 Wohnungen, stellen also nur wenige Prozent der in den 1920er-Jahren in Berlin entstandenen Siedlungswohnungen. Jedoch repräsentiert jede eine andere Stufe oder Variante der Baugeschichte[91]. Zum Beispiel ist die in den Jahren 1913-16 weit außerhalb des damaligen Stadtgebiets von Bruno Taut für nur 230 Einwohner angelegte Siedlung Falkenberg mit ihren kleinen Einfamilienhäusern und Nutzgärten ein Produkt der Gartenstadtidee. Die spitzgiebligen Reihenhäuser sind konventionell gestaltet, künden jedoch bereits durch eine provokante, zur Bezeichnung »Tuschkastensiedlung« führende Farbgebung vom radikalen Reformwillen ihres Schöpfers. Dagegen ist die Wohnstadt Carl Legien, die im Ortsteil Prenzlauer Berg inmitten eines dicht bebauten Areals liegt und zwischen 1928 und 1930 errichtet wurde, eine großstädtische, verdichtete Wohnsiedlung. Sie musste wegen Platzmangels, hoher Bodenpreise und vorgegebener Straßenverläufe in der, von Taut eigentlich abgelehnten Blockbauweise gestaltet werden. Taut öffnete aber die Blöcke auf einer Seite und positionierte benachbarte Blöcke so, dass Sichtachsen zwischen den Höfen entstanden und ein Gefühl von Weite und Durchlässigkeit erzeugten. Auch legte Taut Wohn- und Schlafräume konsequent auf die Hofseite, Küchen und Bäder aber auf die Straßenseite. Auf diese Weise konnten die Höfe als »Außenwohnräume« in den Nutzbereich einbezogen werden und der Anlage das Flair einer Siedlung im Grünen verleihen.

Die Hufeisensiedlung ist hingegen eine eigenartige Verknüpfung von Gartenstadt und Großstadtsiedlung[92]. Die Mittelknappheit erforderte eine Rationalisierung der Bauprozesse, aber der Einsatz industrieller Vorfertigungsmethoden befand sich noch in einem experimentellen Stadium. Trotzdem gelang es bei der Hufeisensied-

Das namengebende »Hufeisen« besteht aus einer langen, gebogene Häuserzeile aus identischen Modulen, die einen kleinen Park mit zentralem eiszeitlichen See umschließt.

lung, die Baukosten durch Beschränkung auf nur vier Grundrisstypen, Verwendung genormter Bauteile, straffe Organisation und den Einsatz moderner Maschinen auf durchschnittlich 13.000 Reichsmark pro Wohnung zu reduzieren. Nach Fertigstellung der Siedlung betrug die Miete 48 bis 88 Reichsmark pro Wohnung (eine Reichsmark 1924 gleich 4,18 Euro 2014). Alle Wohnungen waren mit Innentoilette, Bad, Küche und Balkon ausgestattet. Viele Wohnungen hatten einen Garten.

Die ersten beiden Bauabschnitte der Hufeisensiedlung wurden zwischen 1925 und 1927 auf einem annähernd rechteckigen, etwa 300 Meter mal 600 Meter messenden Areal errichtet. Da drei Ränder des Areals mit Häuserzeilen bebaut wurden, die durch turmartig aufragende, farbig abgesetzte Treppenhäuser, Drempel und kleine Fenster Assoziationen an eine Stadtmauer wecken, macht dieser Teil der Siedlung von außen den Eindruck einer eigenen, abgegrenzten Stadt. Ihre »Stadtmauer« setzt sich aus identischen Modulen zusammen, die aus einem zentralen Treppenhaus und drei Stockwerke mit rechts und links vom Treppenhaus abgehenden Wohnungen bestehen. Diese Wohnungen sind zur Außenseite hin relativ geschlossen, öffnen sich aber mit Loggien, Balkons und Gärten zur Innenseite. Das Innere der Siedlung ist mit Zeilen ein- und zweistöckiger, spitzgiebliger Reihenhäuser, vielen Gärten, schmalen Straßen und Grünanlagen gefüllt und hat deshalb im Gegensatz zum äußeren städtischen ein eher dörfliches Gepräge. Bezeichnenderweise sind vier Häuserzeilen zu einem »Hüsung« genannten, rhombischen »Dorfanger« zusammengefügt und der parkähnliche Platz mit Linde und Bank versehen. Anderen Häuserzeilen sind mit Knicks, Versätzen und Asymmetrien aufgelockert. Große Bedeutung maß Taut der Farbgebung der Fassaden bei, die den Straßen, Straßenabschnitten und einzelnen Bauten Individualität verleiht. Die Straßenränder wurden mit neun Arten unterschiedlicher, charakteristischer Blatt- und Obstbäumen wie Ahorn, Birke, Kirsche, Robinie und Ulme bepflanzt[92].

Der östliche Abschnitt der stadtmauerartigen Randbebauung weist zwei Be-

Blick über den Hufeisenpfuhl auf die Freitreppe.

Der »Hüsing« erinnert mit Linde und Bank an einen Dorfanger, relativiert also in ironischer Weise progressive Formensprache.

sonderheiten auf. Einerseits ist er blutrot gestrichen, was ihm umgangssprachlich die Bezeichnung »Rote Front« eintrug. Andererseits stülpt er sich in seiner Mitte mit einem 350 Meter langen, aus 25 Modulen bestehenden Segment in großem Bogen in das Innere der »Stadt« ein und umschließt dabei ein ovales Grüngelände mit Gärten, Wiesen und einem baumgesäumten Teich. Eine breite Freitreppe führt direkt von der östlichen Außenseite zum Teich. In der invaginierten Häuserzeile kann man die Struktur eines Hufeisens erkennen, was zur Namensgebung der Siedlung geführt hat. Über die Symbolik von »Hufeisen« und »Hüsung« ist viel gerätselt worden. Haspel und Jaeggi schreiben zum Beispiel, dass »Leberecht Migges Entwurfsidee um den vielzitierten eiszeitlichen Pfuhl im Zentrum des Hufeisens die Motive eines blühenden formalen Gartens mit der Idee einer Urlandschaft« verbindet[91]. Taut selbst ließ hingegen verlauten, dass der Plan nicht aus einer vorgefassten künstlerischen Idee, sondern aus sozialen Forderungen und den Bewegungen des Geländes entstanden sei[93].

Etwas südlich der Hufeisensiedlung liegt die Gropiusstadt, eine West-Berliner Großsiedlung aus den 1960er-Jahren[94]. Ihr Chefarchitekt war, wie der posthum gewählte Name der Siedlung anzeigt, der 1883 in Berlin geborene, 1934 in die USA emigrierte und 1959 in Boston verstorbene Architekt Walter Gropius. Ein Vergleich von Hufeisensiedlung und Gropiusstadt ist besonders interessant, weil Gropius zunächst beabsichtigte, seine Siedlung in der Tradition der Hufeisensiedlung fortzuführen. Sein erster Plan aus dem Jahr 1960 zeigt nicht weniger als ein Dutzend Hufeisenmotive. Nach einem »beispiellosen Gerangel zwischen dem in den USA lebenden Gropius, seinen Berliner Partnern, den Wohnungs-

Die südlich der Hufeisensiedlung gelegene, zwischen 1962 und 1975 entstandene West-Berliner Großsiedlung Gropiusstadt sollte dem Willen Gropius' nach eine Hommage und Neuinterpretation des Hufeisenmotivs werden, geriet aber unter der Ägide der Senatsbauverwaltung zu einem gesichtslosen sozialen Schwerpunkt.

baugesellschaften, den Politikern, dem Senat und der Verwaltung«[95] geriet die Gropiusstadt jedoch zu einer willkürlichen Mischung verschiedenster Bautypen, von Bungalow bis Hochhaus, keine Spur mehr von Hufeisen.

Dank Zonengrenze und Mauer bildete sich im Süden Berlins eine scharfe Grenze zwischen Stadt und Land aus.

18 Villenkolonie Zehlendorf-West: Träume an Wilhelminischen Kaminen

Die Villenkolonie Zehlendorf-West (VZW) liegt im südwestlichen Abschnitt des Berliner Rands, etwa drei Kilometer nördlich der Grenze zwischen Berlin und dem Brandenburgischen Landkreis Potsdam-Mittelmark. Die Landentwicklungsgesellschaft Zehlendorf-West Terrain-Aktiengesellschaft (ZWTAG) kaufte am Ende des 19. Jahrhunderts das rund um den jetzigen Mexikoplatz gelegene Wald-, Heide- und Agrarland auf, wandelte das ursprünglich wenig ansprechende Areal mit aufwendigen und innovativen Mitteln in ein spektakuläres Siedlungsgelände um und verkaufte die Baugrundstücke ab 1904 einzeln an wohlhabende Interessenten. Die Bauherren ließen sodann auf den Grundstücken phantasievoll historisierende, teilweise auch im englischen Stil gehaltene Landhäuser auf ihre Kosten errichten. Zwar musste die VZW im 20. Jahrhundert viele Beschädigungen und Einbußen hinnehmen, konnte aber trotz allem viel von ihrer ursprünglichen Pracht bewahren und ihre Rolle als Musterbeispiel für die zahlreichen Villenvororte, die um die Wende vom 19. zum 20. Jahrhundert entlang der Wannseebahn entstanden, behaupten.

Vom Bahnsteig des S-Bahnhofs Mexikoplatz steigt man auf großer, gewächshausähnlich überdachter Treppe auf das Straßenniveau hinab.

Das Gebäude des S-Bahnhofs Mexikoplatz übt seit der Fertigstellung 1904 eine märchenhafte Faszination aus.

Eine essenzielle Voraussetzung für die Entstehung der VZW war der Bau der ersten Bahnlinie Preußens. Die sogenannte Stammbahn führte vom Potsdamer Bahnhof in Berlin-Mitte über Zehlendorf nach Potsdam. In Zehlendorf hatte sie anfangs nur einen »Haltepunkt auf Verlangen«. 1866 jedoch gestattete die Reichsbahn der Ortsverwaltung Zehlendorfs den Bau eines regelrechten Bahnhofs, was die Bevölkerungszahlen der Region wie auch die Bodenpreise kräftig steigen ließ. Auf Betreiben von Wilhelm Conrad, dem einflussreichen Bankier und Gründer der Villenkolonie Alsen am Wannsee, wurde die Stammbahn in den 1870er-Jahren durch die Wannseebahn ergänzt. Sie zweigte in Zehlendorf von der Stammbahn ab und führte über Zehlendorf-West, Schlachtensee, Nikolassee und Wannsee nach Babelsberg. Am Ort des heutigen Mexikoplatzes kreuzte die Wannseebahn den Bärenschen Weg, was zunächst nur mit einem Haltepunkt dotiert wurde. 1904 aber errichtete die ZWTAG an Stelle des kleinen Bahnwärterhauses ein großes Ensemble, das aus einem Bahnhofsgebäude im Jugendstil und einem Bahnhofsvorplatz mit Randbebauung bestand. Es erregte großes Aufsehen und gilt bis heute als architektonischer Glanzpunkt Berlins. Der Bahnhof wurde noch im selben Jahr unter dem Namen Zehlendorf-Beerenstraße eröffnet. Die Züge verkehrten ab 1912 im 5-Minuten-Takt, eine Fahrt zum Potsdamer Bahnhof in Berlin kostete 30 Pfennige und dauerte mit dem Vorortzug 26 Minuten, mit dem durchgehenden »Bankierszug«, aber nur 19 Minuten.

Die Bahnstation hatte im Folgenden verschiedene Namen: ab 1911 Zehlendorf-West, ab 1958 Lindenthaler Allee und ab 1987 Mexikoplatz. Das denkmalgeschützte Bahnhofsgebäude wurde 2001 von der Deutschen Bahn, die sich für den Gang an die Börse fitmachen wollte, an einen privaten Investor verkauft, was das Ende einer weithin geschätzten Bahnhofsbuchhandlung und den Einzug mehrerer kleiner Geschäfte nach sich zog.

Der Bahnhofsvorplatz, in den 1980er-Jahren von dem Architekten Ruppert Stuhlemmer minutiös restauriert, gilt als einer der schönsten Plätze Berlins.

Von den guten Verkehrsverbindungen, die von Stammbahn und Wannseebahn geboten wurden, profitierte nicht nur Zehlendorf-West. Fast an jedem ihrer Bahnhöfe entstand eine Villenkolonie: in Wannsee 1872, Nikolassee 1891, Schlachtensee 1894 und Zehlendorf-West 1904. Die Siedlungen waren anfangs voneinander getrennt, dehnten sich aber schnell aus und wuchsen zu einer Villenlandschaft zusammen, die als die größte ihrer Art in Europa gilt[96,97].

Die ZWTAG wurde 1904 von Adolph Gradenwitz und Fürst Guido Graf Henckel von Donnersmark gegründet[98]. Gradenwitz dürfte nur noch Wenigen als Bankier und Unternehmer oder auch als Schwiegervater des Ökonomen und Statistikers Robert René Kuczynski bekannt sein. Die Familie Henckel von Donnersmark ist hingegen mit ihren vielen, in ganz unterschiedlichen Sparten tätigen Mitgliedern und durch die karitative Donnersmarck-Stiftung[99] bis heute präsent. Es war aber Gradenwitz, der als einer der ersten die bauliche Entwicklung der Region Zehlendorf-West plante und durch massive Landkäufe vorantrieb. Für Donnersmark, dem führenden deutschen Großindustriellen und reichsten Mann seiner Zeit, dürfte das Projekt finanziell von eher geringer Bedeutung gewesen sein. Inhaltlich aber spielte es auch für ihn eine große Rolle, wie sich aus seinem Versuch, das Zehlendorfer Projekt mit einem noch größeren und verfeinerten Projekt in Frohnau zu übertreffen, erkennen lässt. Für die VZW war die Partizipation Donnersmarcks sehr wichtig. Er besaß genügend Einfluss, um eine Genehmigung für den Bau eines neuen Bahnhofs in Zehlendorf-West beim Reich zu erwirken. Auch hatte er durch Aufenthalte in Paris und London einen kosmopolitischen Horizont erworben, der es ihm ermöglichte, der VZW weltläufiges Flair zu verleihen.

Das Gebiet der VZW ist annähernd rechteckig und hat eine Fläche von ungefähr einem Quadratkilometer. Im Norden wird es von Schlachtensee und Krummer

Das Straßennetz der Villenkolonie Zehlendorf-West – hier die Kreuzung Lima-/Klopstockstraße – folgt der Topographie in sanften Schwüngen. Die Villen aber verbergen sich hinter einer üppigen Bepflanzung.

Lanke, im Süden von der Potsdamer Chaussee begrenzt. Die Gegend, die zwischen »blankem Sand«, »struppiger Kiefernheide« und »morastigen Fenns« changierte[100], hatte in agronomischer Hinsicht geringen Wert. Für den Wohnungsbau hingegen war sie, wie die ZWTAG zeigte, hervorragend geeignet. Die Gesellschaft gestaltete das Areal nämlich für Wohnzwecke um, indem sie das Krumme Fenn ausbaggern und in einen idyllischen See, den Waldsee, verwandeln ließ. Auch ließ sie ein Ensemble aus Bahnhofsgebäude und Vorplatz errichten, das nicht nur als Verkehrsknotenpunkt, sondern auch gesellschaftlicher und kommerzieller Mittelpunkt der Villenkolonie dienen konnte. Baupläne für die Gestaltung des Bahnhofgeländes verschaffte sich die ZWTAG mit Hilfe eines 1903 ausgeschriebenen, öffentlichen Wettbewerbs[80]. Von 17 eingereichten Entwürfen wurden drei prämiert und verwirklicht, einer von Gustav Hart für ein im Jugendstil gehaltenes Bahnhofsgebäude, einer von Emil Schubert für die gärtnerische Gestaltung des Bahnhofvorplatzes und einer von Otto Kuhlmann für die Randbebauung des Bahnhofplatzes. Es entstand ein großzügiger Platz, der von der Bahnlinie gesäumt und von der Argentinischen Allee durchquert wird. Die spiegelbildlichen Segmente des Platzes sind symmetrisch mit Rasenflächen, Rabatten und Springbrunnen gefüllt und von einer aus sechs Doppelhäusern bestehenden Randbebauung umschlossen. Von dem Platz gehen zehn Straßen aus, mit deren Hilfe alle Teile der VZW zu Fuß in weniger als 15 Minuten zu erreichen sind. Das Gelände wurde in Parzellen aufgeteilt und den neuesten Standards und Trends entsprechend mit einem, der Topographie organisch folgendem Netz alleenartiger, gut gepflasterter, Gas-, Wasser- und Entwässerungsleitungen führender Straßen überzogen.

Die Namensgebung in der VZW nahm einen eigenartigen Verlauf. Anfangs war sie einheitlich nach plausiblen Themen gestaltet. Im nördlichen »Dichterviertel« zum Beispiel hießen die Straßen nach Herder, Lessing, Schiller, Goethe, Kleist und Klopstock. Die Durchgangsstraße, die das Gebiet fast geradlinig von Nordosten nach Südwesten quert, wurde anfangs bis zum Bahnhof als Grunewald-Allee, im weiteren Verlauf als Linden-Allee bezeichnet. Hingegen blieb

Das Haus von Velsen, 1907 von Hermann Muthesius geschaffen, ist eins der größten und bedeutendsten Häuser der Villenkolonie Zehlendorf-West. Einst war es von einem riesigen, kunstvoll angelegten Parkgrundstück umgeben, das aber inzwischen stark verändert und bebaut worden ist.

der Bahnhofsplatz selbst lange ohne eigenen Namen. Der Südamerikabezug, der völlig aus der Luft gegriffen zu sein scheint, wurde im März 1934 von den Nationalsozialisten eingeführt, vielleicht als Machtdemonstration gegenüber konservativen Villenbesitzern. Auf dem Bahnhofsplatz fand damals eine Feierstunde statt, bei der in Anwesenheit des Oberbürgermeisters von Berlin und des argentinischen Botschafters, Hakenkreuzfahne am Rednerpult, die Grunewald-Allee in Argentinische Allee umbenannt wurde[101]. Ein Jahr später erhielten zwei der schönsten Straßen der VZW, Lessingstraße und Herderstraße, die Namen Limastraße beziehungsweise Bogotastraße. Am 23. September 1959 gab es wiederum eine feierliche Namensgebung auf dem Bahnhofsplatz, diesmal mit dem Regierenden Bürgermeister Willy Brandt und dem mexikanischen Botschafter, bei der der Bahnhofsplatz auf den Namen Mexikoplatz getauft wurde und somit erstmals einen eigenen Namen erhielt. Der Berliner Senat setzte mit diesem Akt und zusätzlich mit der 1987 erfolgten Umbenennung der Bahnstation Lindenthaler Allee in Mexikoplatz die vom nationalsozialistischen Regime initiierte Namensgebung fort, eine bedauernswerte Fehlleistung, deren Berichtigung überfällig ist.

Nach den Vorarbeiten der ZWTAG trugen die Bauherren das ihre zur Ausgestaltung der VZW bei. Sie hatten in der Regel Mittel und Möglichkeiten, hervorragende Architekten für ihre Projekte zu gewinnen, so dass viele außergewöhnliche Villen entstanden. Bis 1912 wurden allein im Dichterviertel etwa 60 »Landhäuser« errichtet, von denen die Hälfte erhalten ist. Unter den Architekten der Villen ragt Hermann Muthesius hervor, einer der Väter der architektonischen Moderne, Protagonist des englischen Landhausstils in Deutschland und Mitbegründer des Deutschen Werkbundes. Sechs Villen des Dichterviertels stammen von ihm: das Haus von Velsen, 1908, Limastraße 29; das Haus Mandler, 1926, Limastraße 30A; das Haus von Schuckmann, 1906, Bogotastraße 15; das Haus Moorbutter, 1913, Schlickweg 6; das

Das Landhaus Fiedler in der Argentinischen Allee Nr. 28 ist ein Prototyp für Landhäuser, die um 1910 erstanden sind, und demonstriert mit seinem großen, geschwungenen Dach romantische Naturverbundenheit.

Haus Brulet, 1911, Schlickweg 12; und das Haus Kuczynski, 1914, Terrassenstraße 16. Deshalb soll als erstes Beispiel für die Architektur der VZW ein Werk von Muthesius beschrieben werden.

1905 erhielt Muthesius von dem Oberberghauptmann Gustav von Velsen den Auftrag, auf einem sehr großen Grundstück an der Lessingstraße für ihn und seine Familie ein »Landhaus« zu errichten. Der Bauherr wünschte, dass das Erdgeschoss große Repräsentationsräume enthalte, die Wirtschaftsräume großzügig ausgelegt seien, das Arbeitszimmer im Obergeschoß platziert und das ganze Dachgeschoß mit Gästezimmern ausgebaut werde. Muthesius entwarf daraufhin ein Haus mit L-förmigem Grundriss[102]. Darin wird der längere und breitere Schenkel von einem zweistöckigen Wohntrakt eingenommen, dessen Eingangshalle sich mit Fenstern von kirchenähnlichen Ausmaßen über Erd- und Obergeschoß erstreckt. Im Erdgeschoss befinden sich außerdem das Esszimmer mit einer zum Garten gerichteten Terrasse sowie ein Musik- und ein Damenzimmer. Das Obergeschoß hat fünf Schlafzimmer, ein Arbeitszimmer und ein Fremdenzimmer. Im Dachgeschoss sind weitere sieben Zimmer kleineren Zuschnitts untergebracht. Der kürzere Schenkel des Grundrisses, der wesentlich niedriger und schmaler als der Wohntrakt ist, enthält die Wirtschaftsräume. In ihm befinden sich Küche, Anrichte, Waschküche, Nähstube und mehrere Leute- und Dienerzimmer. Als besondere Attraktion war das Haus in einer Ecke des Grundstücks so platziert, dass Raum für eine weitläufige, kunstvoll gestaltete Parkanlage blieb. Wie viele Häuser der VZW hat auch das Haus von Velsen eine ganz eigene Geschichte. Eine seiner merkwürdigsten Episoden begann 1951, als Zehlendorf zum amerikanischen Sektor gehörte und bevorzugter Wohnort amerikanischer Armee- und Regierungs-

Das von Walter Gropius 1921 errichtete Haus Otte in der Wolzogenstraße 17 ist eins der wenigen Beispiele für Neues Bauen in der Villenkolonie Zehlendorf-West.

angehöriger war. In diesem Umfeld wurde der sogenannte »Untersuchungsausschuss freiheitlicher Juristen« (UfJ) im Haus von Velsen eingerichtet. Der »Ausschuss« bestand aber im Wesentlichen aus einem Mann, Dr. Theo Friedenau. Er befragte DDR-Flüchtlinge nach Rechtsverstößen in der DDR und sammelte ihre Berichte in einer »Belastetendatei« zu späterer juristischer Verwendung[103], ein Programm, mit dem er sich der Aufmerksamkeit und des Applauses der westlichen Öffentlichkeit und Presse sicher sein konnte. Im Juni 1958 aber wies die DDR nach, dass Friedenau seinen Lebenslauf komplett gefälscht hatte. Weder war er 1911 in Lübeck geboren worden, noch hatte er eine jüdische Mutter und eine jüdische Frau. Auch hatte er nicht in Berlin und Breslau Jura studiert und einen juristischen Doktortitel erworben. Hingegen war er unter seinem wahren Namen Horst Erdmann Mitglied der NSDAP gewesen und hatte verschiedene Parteifunktionen bekleidet, darunter die eines Gaujugendleiters. Als Leiter des UfJ war er vom Geheimdienst der USA (CIA) installiert und finanziert worden. Nach der Entlarvung verlor Erdmann zwar den UfJ-Posten, durfte ansonsten aber ungeschoren seinen Geschäften weiter nachgehen[104].

Als weiteres Beispiel für die Architektur der VZW soll nun das 1910/11 von dem Architekten und Baumeister Franz Fiedler für den eigenen Gebrauch errichtete Landhaus in der Argentinischen Allee 28 dienen. Das Haus gilt als Prototyp eines Landhauses um 1910. Es liegt auf einem 6.000 Quadratmeter großen Grundstück am Waldsee. Das Gelände fällt von der Argentinischen Allee zum See hin leicht ab und ist mit Terrassen und einem Netz geschwungener Wege versehen. Am Seeufer stand einst ein Bootshaus. Das Wohnhaus hingegen liegt an der Straßenseite des Grundstücks. Es hat steile Dach- und Giebelzonen, die mit dunklen Schindeln und Platten gedeckt sind und dem Haus eine märchenhafte Anmutung verleihen. Das Innere des Hauses ist vielfach verändert worden. Aber man kann den Originalzustand anhand einer Beschreibung nachempfinden, die 1909 von einem baugleichen, ganz in der Nähe gelegenen Haus angefertigt wurde und mit Fotografien von Diele mit Treppenaufgang, Sofaecke im Herrenzimmer und Damenzimmer einschließlich Wintergarten illustriert

Das Gebäude in der Kleiststraße 2 erinnert als seltsame Chimäre daran, dass selbst die entlegene Villenkolonie Zehlendorf-West kurz vor Ende des Zweiten Weltkriegs noch ins Visier der Britischen Luftwaffe geriet.

ist[105]. Eine Zusammenfassung der weiteren Geschichte des Hauses findet sich im Internet[106]: Franz Fiedler verkaufte das Haus 1930 an Walter Klein, Direktor der Iduna und Germania Versicherungen. Klein musste aber schon kurz darauf Konkurs anmelden und das Haus 1931 der Iduna-Versicherung als Kompensation überlassen. Diese verkaufte es 1938 an den preußischen Staat, woraufhin es von Wolf Heinrich Graf von Hellendorf, dem damaligen Polizeipräsidenten von Berlin und SA-Chef mit seiner fünfköpfigen Familie bezogen wurde. Hellendorf, ein Nazionalsozialist der ersten Stunde und Autor drastisch antisemitischer Kommentare, nahm im Krieg Kontakt mit der Widerstandsgruppe um Graf Stauffenberg auf, wurde nach dem Attentat auf Hitler im Juli 1944 verhaftet und im August in der Haftanstalt Plötzensee hingerichtet. Bei Kriegsende wurde das Haus von der Sowjetarmee besetzt, aber noch 1945 dem Bezirksamt Zehlendorf übergeben, das es zunächst als Jugend- und Kulturamt verwendete. Seit 1949 ist es als Zehlendorfer Haus der Jugend in Betrieb und war Schauplatz vieler Aktivitäten einschließlich Theateraufführungen und Musikabenden.

In der Nachkriegszeit fiel so manche Villa der Kolonie Zehlendorf-West dem Abriss zum Opfer. Kostensparend wurden dabei häufig die alten Umgrenzungen stehen gelassen, wie an der Ecke Schiller-/Kleiststraße.

1914 endete die erste Bauphase der VZW[100]. Für den Bau luxuriöser Landhäuser war in Kriegszeiten kein Raum. Gerade fertiggestellte Bauten wurden umgewidmet, Schulen zu Kasernen, Krankenhäuser zu Lazaretten. Mit der Rationierung von Lebensmitteln und der Einrichtung öffentlicher Kriegsküchen verwandelte sich so manch hochherrschaftlicher Lustgarten in ein Gemüsefeld, so wie es Max Liebermann hintergründig in einem Gemälde mit dem Titel »Kohlfeld gegen Westen« festhielt. Nach dem Ende des Ersten Weltkrieges wehrten sich die Zehlendorfer Villenbesitzer vehement gegen die Sozialpolitik des Berliner Magistrats und die Eingemeindung in Groß-Berlin, konnten aber die Gründung eines Berliner Bezirks aus den Landgemeinden Wannsee, Nikolassee und Zehlendorf sowie den Gutsbezirken Dahlem, Klein-Glienicke, Pfaueninsel und Potsdamer Forst nicht verhindern. Zu Beginn der Weimarer Republik führten der Baustillstand während des Kriegs und die nachfolgende Inflation auch in Zehlendorf zu einer dramatischen Verschärfung der Wohnungsnot. Die Wohnungsämter sahen sich gezwungen, Notwohnungen zu genehmigen, leerstehende Wohnungen zu beschlagnahmen und Zwangseinweisungen vorzunehmen. Ab 1922 wurde eine Mietpreisbindung eingeführt. Das nötigte viele Villenbesitzer ihren Grundbesitz zu verkaufen. Trotz allem entstanden in der VZW vereinzelt Neubauten, die im kubistischen Stil gehalten waren und einen krassen Kontrast zur wilhelminischen Villenkultur bildeten. Beispiele sind das von Walter Gropius 1921/22 errichtete Haus Otte in der Wolzogenstraße 17, das von Arthur Korn und Siegfried Weitzmann 1927/28 errichtete Haus Abraham in der Beerenstraße 64 und das wiederum von Walter Gropius 1829/29 errichtete Haus Lewin in der Fischerhüttenstraße 106. Massiv aber manifestierte sich das Neue Bauen ab Mitte der 1920er-Jahre in ausgedehnten Wohnsiedlungen, die im Rahmen des sozialen Wohnungsbaus am Rande der VZW entstanden. Zu ihnen gehört die etwa 1.000 Wohnungen umfassende Onkel-Tom-Siedlung, die zwischen 1926 und 1932 unter Beteiligung von Bruno Taut, Hugo Häring, und Otto Rudolf Salvisberg entstand und als ein Musterbeispiel der Moderne gilt[107].

Mit der Machtergreifung durch die Nationalsozialisten im Jahr 1933 änderte sich das politische Klima rapide. Schon im Juni 1933 wurde die Zehlendorfer Bezirksversammlung aufgelöst und durch NSDAP-treue Bezirksräte ersetzt. Das Neue Bauen hatte ein Ende und wurde vom »Heimatschutzstil« ersetzt. In diesem Sinne entstand 1935 am nördlichen Rand der VZW die SS-Kameradschaftssiedlung, mit der sich Heinrich Himmler den langgehegten Wunsch erfüllte, mit kleinen, in dichtem Wald gelegenen Einfamilienhäusern den Aufstieg der SS-Familie zu fördern. Am Rand der Siedlung errichtete die Deutsche Reichspost 1939 eine scheinbar kleine Telefonvermittlungsstelle mit ausgedehntem, unterirdischem Archiv, die in Wirklichkeit die Telefonabhörzentrale des nationalsozialistischen Nachrichtendienstes war. Die Amerikaner übernahmen die Anlage 1945 und verwendeten sie bis 1990 unter der Bezeichnung »Berlin Document Center« zur Aufbewahrung nationalsozialistischer Akten[108].

Im Zweiten Weltkrieg war Zehlendorf mehrfach Ziel von Luftangriffen. Eine Karte der Kriegsschäden[109] zeigt, dass die VZW zahlreiche Teil- und Totalschäden aufwies. Mexikoplatz und Limastraße wurden besonders stark in Mitleidenschaft gezogen. Mindestens ebenso große Schäden aber wurden nach dem Krieg durch die Geringschätzung der alten Bausubstanz und ihren gedankenlosen Abriss verursacht. In Zehlendorf-Süd wurde zum Beispiel eine große Neubausiedlung errichtet und durch einen sechsspurigen Ausbau der Argentinischen Allee mit dem Stadtzentrum verbunden, wobei der Mexikoplatz im wörtlichen Sinne unter die Räder kam. Nach Abklin-

Der Schlachtensee zieht mit glasklarem Wasser und dicht bewaldeten Ufern Badegäste und Spaziergänger aus der ganzen Stadt an.

gen der Abrisswut in den 1980er-Jahren und dem Aufkommen der »behutsamen Stadterneuerung« fand sich aber glücklicherweise in Rupert Stuhlemmer ein Architekt, der den Mexikoplatz durch Rückbau der Straßenführung, Sanierung der Gebäude und historische Rekonstruktion der Grünanlagen in minutiöser Kleinarbeit wiederherstellte und damit Berlin ein Ensemble, das an Ausstrahlung vielleicht nur vom Gendarmenmarkt übertroffen wird, zurückgab.

Heute ist die VZW ein Mosaik vieler Baustile. Die alten Villen dominieren den Gesamteindruck durch Größe und Formenreichtum, während die dazwischen angesiedelten neuen, viel kleineren und einfacheren Häuser die ursprüngliche Homogenität aufbrechen. Wie bunt und aufregend das architektonische Flickwerk ist kann man schon bei einem kurzen Spaziergang durch die etwa einen Kilometer lange Limastraße erfahren. Dabei begegnet man unter anderem zwei schlichten, um 1938 erbauten Mietshäusern (Nr. 3, 5), einer geschlossenen Sequenz von vier alten Villen, die zwischen 1905 und 1908 von M. Werner, O. Kuhlmann und anderen errichtet wurden (Nr. 12, 14, 16, 18), einem großen Apartmenthaus (Nr. 11) aus den 1980er-Jahren, das die abgetragene Villa Runge von 1906 ersetzt, einer gedrängten Folge (vergleichsweise) winziger Reihenhäuser aus den 1960er-Jahren (Goethestraße Nr. 24A-D), der ehemaligen Konditorei Haberer, die heute eine lustige Chimäre aus einer prachtvollen Villa von 1910 und einem kleinen Mietshaus der 1950er-Jahre ist (Lima- Ecke Kleiststraße), dem von Muthesius entworfenen Haus Mandler von 1925 (Nr. 30) und schließlich dem riesigen, schon beschriebenen Haus von Velsen (Nr. 29). Am Ende der Limastraße steht man vor der angenehmen Wahl, den Rundgang durch die VZW fortzusetzen oder sich der Natur bei einem Spaziergang um den Schlachtensee oder einer Wanderung in den Grunewald zuzuwenden.

19 Kleinmachnow: Vom Rittergut zum Bürgerhaus

Das erstmals 1375 schriftlich erwähnte Rittergut »Parva Machenow«, das heute als Brandenburgische Gemeinde Kleinmachnow an den Süden von Berlin-Zehlendorf grenzt und im Übrigen von Potsdam, Stahnsdorf und Teltow umrahmt wird, entstand an einem Übergang durch das Tal der Bäke, einem von Steglitz zum Griebnitzsee führenden moorigen Fließ. Um 1400 ging das Gut an die Familie von Hake über, die es mit einzigartiger Kontinuität über 500 Jahre hielt. Um 1900 aber brachte der Bau des Teltowkanals einschneidende Veränderungen: Die Bäke ging fast vollständig im Kanal auf, der historische Dorfkern wurde vom Gutsgebiet abgetrennt, die Hakes begannen ihr Land stückweise zu verkaufen, Terraingesellschaften überzogen das Gebiet mit einem Flickenteppich von Einfamilienhaussiedlungen. Die wohlfeilen Quartiere zogen auch zahlreiche Künstler an, was dem Ort einen Hauch von Mondänität verlieh. 1933 übernahmen die Nationalsozialisten durch Vertreibung und Enteignung des Bauunternehmers Adolph Sommerfeld die Kontrolle über die Siedlungen und begannen, sie als Deckung für eine geheime Rüstungsfabrik, die in den letzten Kriegsjahren um Konzentrations- und Zwangsarbeiter-Lager ergänzt wurde, zu missbrauchen. 1961 wurde Kleinmachnow durch die »Mauer« von West-Berlin abgeschnitten, hatte jedoch seit der Wiedervereinigung 1990 erneut großen Zulauf und erhielt 2009 schließlich zurück, was ihm mehr als ein Jahrhundert zuvor abhandengekommen war: ein Ortszentrum.

Kleinmachnow nahm seinen Ursprung in einem befestigten Haus[110-112], das die Askanier um 1150 zur Sicherung eines strategisch wichtigen Übergangs durch das Tal der Bäke errichteten und das bald darauf zu einer Burg heranwuchs. Als Heinrich von Hake, der Spross einer Ritterfamilie aus Lebus, Kleinmachnow um 1400 kaufte, war es schon ein kleines Gut. Der Familie Hake gelang es trotz zahlreicher gewalttätiger Zwischenfälle, finanzieller Einbrüche und Erbteilungen das Gut auf viele der umliegenden Dörfer wie Stahnsdorf, Sputendorf,

Der Restarm der Bäke, der sich nahe der Dorfkirche erhalten hat, zeigt, wie das Bäketal vor dem Bau des Teltowkanals ausgesehen haben mag.

Die 1597 errichtete Dorfkirche ist einer der ersten evangelischen Kirchenbauten der Mark Brandenburg und eines der wenigen Relikte des Dorfkerns.

Bei der Planung des Teltowkanals wurde das Bäketal samt Machnower See in die Streckenführung einbezogen. Der Wasserstand wird durch die im Hintergrund sichtbare Machnower Schleuse geregelt.

Kiekebusch, Jähnsdorf, Blankenfelde und Heinersdorf auszudehnen und den Stammsitz zu einem herrschaftlichen Anwesen auszubauen. Zu Beginn des 20. Jahrhunderts bestand das Gutsdorf Kleinmachnow aus der alten Hakeburg, dem prächtigen, 1800 von David Gilly errichteten Herrenhaus und der schönen, 1597 geweihten Patronatskirche. Hinzu kamen die Mühle an der Bäke, die Schmiede, das 1848 errichtete und bis 1936 für den Unterricht genutzte Schulgebäude, die Försterei, einige Landarbeiterhäuser, mehrere Wohnhäuser und, nicht zuletzt, das sogenannte Etablissement Türck, ein großes, burgähnliches Gasthaus. Das Dorf hatte insgesamt etwa 100 Bewohner und bestand bis 1943 fort, als Herrenhaus, Burg und Etablissement Türck bei einem Angriff der britischen Luftwaffe schwer beschädigt wurden. Die Ruinen wurden 1947 abgetragen, übrig blieben nur Kirche, Mühle und Schule.

Die Bäke – ursprünglich als Telte bezeichnet und damit Namensgeber des Teltow – war ursprünglich ein etwa 20 Kilometer langer Bach, der am Fichteberg in Steglitz entsprang und über Lichterfelde, Kleinmachnow und Dreilinden zum Griebnitzsee führte[113]. Ähnlich dem Tegeler Fließ und der Wuhle bildete die Bäke auf ihrem Weg ein breites, sumpfiges Fließtal aus, dass schwer zu durchqueren war. Die landschaftlichen Verhältnisse änderten sich erst am Beginn des 20. Jahrhunderts, als der Teltowkanal[114] durch das Bäketal gebaut wurde. Der Kanalbau war ein großes, kostspieliges und umstrittenes Projekt, dessen Genehmigung durch den preußischen Staat nur nach langen Verhandlungen erwirkt werden konnte. Im Jahr 1900 war es so weit, die Bauarbeiten konnten beginnen. Als sie 1906 erfolgreich abgeschlossen wurden, war die Freude so groß, dass Kaiser Wilhelm II. die Einweihung persönlich vornahm. Tatsächlich hatte der Teltowkanal gleich mehrere wichtige Funktionen: Er verkürzte den Wasserweg zwischen Elbe und Oder um 16 Kilometer, regulierte den Regenwasserabfluss der südlichen Vororte Berlins und nahm auch deren Abwässer auf. Die Bäke ging allerdings beim Bau des Teltowkanals fast komplett verloren. Nur der Machnower See und zwei kurze, isolierte Fragmente blieben bestehen, von denen eines direkt am ehemaligen Gutsdorf Kleinmachnow liegt.

Die Neue Hakeburg auf dem Seeberg wurde 1906-1908 vom Architekten Bodo Ebhardt für Dietloff von Hake, dem letzten männlichen Mitglied der Kleinmachnower Linie der Familie Hake, erbaut.

Auch auf das Rittergut Kleinmachnow und die Familie Hake hatte der Bau des Teltowkanals tiefgreifende Auswirkungen. Der historische Ortskern im Süden wurde durch den Teltowkanal vom Gutsgebiet im Norden abgeschnitten und damit die Grundlage für eine gewisse, bis heute noch spürbare »Strukturlosigkeit« Kleinmachnows gelegt. Andererseits entwickelten sich der Teltowkanal und besonders die in Kleinmachnow gelegene Schleuse zu einem Besuchermagnet und trugen dadurch dazu bei, das ehemalige Gutsgelände bekannt und als Wohngebiet attraktiv zu machen. Die Hakes aber gerieten durch den Bau des Teltowkanals, der von den Anrainern selbst finanziert werden musste, in Schwierigkeiten und begannen, ihr bis dahin agrarisch genutztes Land nördlich des Teltowkanals nach Notwendigkeit und Gelegenheit stückweise an Terraingesellschaften zu veräußern. Die dadurch wieder verbesserte finanzielle Lage nutzte das letzte männliche Mitglied der Familie von Hake, Dietloff von Hake, um auf dem nördlich des Machnower Sees gelegenen, 62 Meter hohen Seeberg ein weithin sichtbares, alle Maßstäbe sprengendes Herrenhaus, die Neue Hakeburg, errichten zu lassen[115]. Mit dem Bau wurde der damals als Burgenkenner hochgeschätzte Architekt Bodo Ebhardt beauftragt. Er errichtete 1906-1908 ein schlossähnliches Gebäude, dessen Äußeres Burgenmotive aller Zeiten vereint und innen mit Prunksälen in mittelalterlichem, renaissanceartigem und klassizistischen Stil versehen ist. Absicht des Bauherrn war es wohl, die Selbstinszenierung auf die Spitze zu treiben und ähnliche Bemühungen großbürgerlicher Kreise Berlins und überhaupt Deutschlands in den Schatten zu stellen.

Als die Familie von Hake 1895 daran ging, ihr Land an einzelne Investoren und Terraingesellschaften zu verkaufen, war der Immobilienmarkt Berlins in Goldgräberstimmung[116,117]. Besonders die Etablierung luxuriöser Villenkolonien schien hohe Renditen zu garantieren. Auch Kleinmachnow schien ein heißer Kandidat für eine Villenkolonie zu sein, denn wie die erfolgreichs-

Die Villenkolonie Kleinmachnow zeichnet sich durch ein großzügiges Straßennetz, lichte Bebauung und schöne Lage aus. Gezeigt ist die Kreuzung Clara-Zetkin-Straße/Erlenweg mit dem Landhaus Patermann.

ten der schon bestehenden Villenkolonien, lag es im Südwesten Berlins, hatte schöne alte Forstbestände und mit Machnower See und Teltowkanal auch eine malerische Umgebung. Hinzu kamen Touristenattraktionen wie der historische Ortskern mit Rittergutstradition und die Machnower Schleuse als Technikwunder. Wichtig war auch, dass die Trassen von Stammbahn und Wannseebahn so nahe bei Kleinmachnow lagen, dass die baldige Einrichtung eines Abzweigs nach Kleinmachnow oder einer Haltestelle am Rande von Kleinmachnow als selbstverständlich galt. Unter solch vielversprechenden Voraussetzungen kauften mehrere Investoren Land in Kleinmachnow. Aber einzig der Zehlendorf-Kleinmachnower Terrain-Aktiengesellschaft, die 1903 an der östlichen Ortsgrenze gelegenes Land erworben hatte, gelang es, Villenkoloniepläne tatsächlich zu realisieren[117]. Die Gesellschaft zog den renommierten Architekten Bruno Schmitz hinzu, um einen attraktiven, die Standards der Zeit erfüllenden Bebauungsplan zu erstellen, und erlangte mit ihm 1904 die Bebauungserlaubnis. Die Vermarktung des Geländes erwies sich jedoch als schwierig. Bis 1912 entstanden auf den hunderten von projektierten Grundstücken nur 21 Villen, das vorgesehene städtebauliche Zentrum wurde nicht realisiert und von den geplanten Gemeinschaftseinrichtungen wurde nur eine Schule errichtet. Entscheidend für das Scheitern aber dürfte gewesen sein, dass die zunächst plausibel erscheinenden Bahnanschlüsse gegen Widerstände im Zehlendorfer Gemeinderat nicht durchgesetzt werden konnten. Auch der Bau einer Straßenbahn scheiterte. 1912 platzte die Immobilienblase, 1914 musste die Zehlendorf-Kleinmachnower Terrain-Aktiengesellschaft Konkurs anmelden. Der Erste Weltkrieg machte allen Villenkolonieträumen sowieso ein Ende. Heute beeindruckt die Kleinmachnower Villenkolonie, die etwa zehn Straßen zwischen Gradnauer Straße und Clara-Zetkin-Straße umfasst, noch immer durch eine schöne Lage und großzügige Straßengestaltung. Von den einst 21 Villen sind noch elf erhalten.

Inflation und Weltwirtschaftskrise prägten auch Kleinmachnow. Trotzdem erlebte der Ort gerade in dieser kritischen Periode seinen größten Wachstumsschub: Die Bevölkerungszahl nahm von etwa 400 auf 12.500 zu. Diese ungewöhnliche Entwicklung war möglich, weil Kleinmachnow vergleichsweise preiswertes Bauland in großen Mengen zu bieten hatte und weil sich Terrain- und Baugesellschaften fanden, die bereit waren, pragmatisch auf die »Zeichen der Zeit« zu reagieren. Bröcker und Kress[117] führen 25 Einzelpersonen, Terraingesellschaften, Genossenschaften und gemein-

Bürgerhaussiedlung an der Karl-Marx-Straße, Bauabschnitt 1 (1932): Diversifikation der Typenhäuser durch Giebelgestaltung, Farbgebung und Positionierung.

Bürgerhaussiedlung am Johannistisch, Bauabschnitt 3 (1933-35): Verzicht auf Diversifikation wegen Wirtschaftskrise.

nützige Baugesellschaften auf, die zwischen 1895 und 1940 Land in Kleinmachnow mit der Absicht kauften, es zu parzellieren, für den Häuserbau vorzubereiten und dann entweder unbebaut oder vorzugsweise auch bebaut an einzelne Interessenten zu verkaufen. Auf diese Weise wurde das ehemalige Agrargebiet Kleinmachnow in relativ kurzer Zeit mit einem Flickenteppich überzogen, der aus elf großen Siedlungen und vielen kleinen Bauprojekten besteht. Da ein Gesamtbebauungsplan trotz mehrfacher Versuche nie verabschiedet werden konnte, sind die Siedlungsteile nicht miteinander abgestimmt. Hinzu kommt, dass sich auch bei der Einrichtung eines neuen Ortszentrums kein Konsens finden ließ.

Der Gesamteindruck, den man beim Durchstreifen Kleinmachnows erhält, wird wesentlich von den Typenhaussiedlungen bestimmt, namentlich der Bürgerhaus-, der Gerard- und der GEHAG-Siedlung. Diese Wohnquartiere bestehen aus Reihen um Reihen dicht beieinanderstehender, einstöckiger Typenhäuser mit steilen Satteldächern und einfachen Fassaden. Beim ersten Bauabschnitt der Bürgerhaussiedlung[117], der 1932 abgeschlossen wurde und zu dem die Häuser am nördlichen Abschnitt der Karl-Marx-Straße gehören, wurde der Monotonie der seriellen Bauweise durch unterschiedliche Giebelgestaltung, differenzierte Farbgebung und die variable Positionierung der Häuser zur Straße entgegengearbeitet. Bei den weiteren fünf Bauabschnitten, die sich bis 1937 erstreckten, musste aber wegen der erneuten Verschlechterung der Wirtschaftslage auf solche Raffinessen verzichtet werden. Allen Objekten ist eine Grundrissfläche der Häuser von 60-80 Quadratmetern und eine Grundstücksgröße von etwa 600 Quadratmeter gemeinsam. Verkauft wurden sie typischer Weise zum garantierten Festpreis von 12.900 Reichsmark.

Es gibt aber auch andersgeartete Siedlungsteile. Im sogenannten Musikerviertel am nordwestlichen Stadtrand, das 1933 von einer Tochter Georg von Hakes initiiert wurde, betrug die durchschnittliche Parzellengröße 900 Quadratmeter, und die Häuser konnten im Rahmen der baurechtlichen Vorschriften individuell gestaltet werden. Reihenhäuser erschienen erst in den späten 1930er-Jahren und finden sich vorwiegend in der Boschsiedlung, einem Quartier für Betriebsangehörige der Dreilinden-Maschinenbau-Gesellschaft (DLMG). »Neues Bauen« hingegen kommt in Kleinmachnow nur vereinzelt vor, zu den raren Exemplaren gehört ein 1930 von Hermann Henselmann entworfenes Gebäude in der Tucholskyhöhe.

In den 1930er-Jahren lag der Anteil jüdischer Bürger an der Bevölkerung Klein-

Die Robert-Bosch-Siedlung an der Förster-Funke-Allee (1938-1941): Ein Fremdkörper unter den Einfamilienhaussiedlungen.

machnows bei nur einem Prozent. Trotzdem war Kleinmachnow ein Schauplatz starken nationalsozialistischen Terrors. Er richtete sich nicht nur gegen einzelne Privatpersonen, deren Verfolgung vielfach in Deportation und Ermordung mündeten, wie die Machnower Arbeitsgruppe Stolperstein nachgewiesen hat. Ein besonderer Dorn im Auge war den Nationalsozialisten die Wohnungsbaugesellschaft Adolf Sommerfelds, die in Kleinmachnow einen enormen Erfolg mit, jedenfalls nach außen hin, treudeutschen Einfamilienhäusern erzielt hatte. Am Sommerfeld-Konzern wurde deshalb ein frühes Exempel für die Übernahme großer Betriebe durch Gewalt, Todesdrohung, Vertreibung, »Arisierung« und Enteignung statuiert.

Adolf Sommerfeld[116], 1886 in Kolmar geboren, war es gelungen, durch innovative Projekte einen der größten Baukonzerne der Weimarer Republik zu errichten. Er interessierte sich besonders für die Rationalisierung des Häuserbaus durch industrielle Verfahren und war darin mit Walter Gropius und dem Bauhaus eng verbunden. 1926 initiierte er den Bau der »Onkel-Tom-Siedlung« in Zehlendorf auf einem, in seinem Besitz befindlichen Gelände. Die Siedlung wurde unter Beteiligung von Bruno Taut, Otto Rudolf Salvisberg und Hugo Häring realisiert und gilt heute als eins der bedeutendsten Exponate des »Neuen Bauens«. Unter dem Druck der Weltwirtschaftskrise von 1929 wendete sich Sommerfeld vom »Neuen Bauen« ab und konzentrierte sich auf die möglichst rationelle Errichtung kleiner Typenhäuser, die dem konservativen Geschmack bürgerlicher Kreise entsprachen. Als das Projekt einer großen Einfamilienhaussiedlung in Kleinmachnow 1929 an der Weltwirtschaftskrise zu scheitern drohte, erfand Sommerfeld das »Bürgerhaus« – ein kleines Typenhaus, das sich durch einen praktischen Grundriss, hohe Flexibilität und große Erweiterungsmöglichkeiten auszeichnete, vor allem aber schnell und billig herzustellen war – und errang damit unerwartet großen Zuspruch. Die Nationalsozialisten reagierten auf den Erfolg Sommerfelds mit Hass. Ab 1932 drangen nationalsozialistische Trupps auf die Baustellen Sommerfelds vor, hissten Hakenkreuzflaggen und belegten die Bauleitung mit Todesdrohungen. In der Nacht vom 31. März 1933 griffen sie Sommerfelds Privathaus in Lichterfelde an und gaben Schüsse auf ihn ab. Daraufhin flüchtete Sommerfeld wenige Tage später in die Schweiz. Nun ernannte die NSDAP umgehend Parteimitglieder wie Robert Teske und Walter Schwiering zu kommissarischen Leitern des Sommerfeld-Konzerns, beschlagnahmte Sommerfelds betriebliches und privates Vermögen und verfolgte Sommerfeld im Ausland mit Haftbefehlen. Sommerfeld ging daraufhin über Frankreich nach Palästina, um einen Neuanfang zu machen. Als das scheiterte, gründete er eine Firma in England, wurde englischer Staatsbürger und änderte seinen Namen in Andrew Summerfield. Ab 1949 versuchte er mit Restitutions- und Entschädigungsanträgen sein betriebliches und privates Vermögen in Deutschland zurückzuerlangen, was aber in langwierigen Gerichtsverfahren nur durch Vergleiche teilweise gelang. Bis zu seinem Tod 1964 im schweizerischen Baden war er wieder erfolgreich als Bauunternehmer tätig, konnte aber an seine früheren epochalen Erfolge nicht wieder anknüpfen. Nach der Wiedervereinigung strengten die Nachfahren Sommerfelds eine Klage auf Rückübertragung von über 1.000 Grundstücken in Kleinmachnow an. Die Klage ging durch alle Instanzen und wurde 2016 vom Europäischen Gerichtshof für Menschenrechte endgültig abgewiesen.

Das nationalsozialistische Regime brachte aber noch weiteres schreckliches Unheil über Kleinmachnow. Obwohl der Ort als reines Wohngebiet ausgewiesen und die umliegenden Wälder durch den Dauerwaldvertrag von 1910 gegen Bebauung geschützt waren, beschlossen das Reichsluftfahrtministerium und die Robert Bosch AG 1934, in einem Waldgebiet am Westrand des Kleinmachnower Siedlungsgebiets eine geheime Rüstungsfabrik zu installieren[117]. Nach Errichtung von Fabrikations- und Lagerhallen wurde 1936 die Produktion von Zubehörteilen für Flugzeuge wie Einspritzpumpen, Zündmagneten und Lichtmaschinen unter dem Tarnnamen Dreilinden Maschinenbau GmbH (DLMG) aufgenommen. Die Belegschaft expandierte schnell, so dass sie mitten in Kleinmachnow eine eigene Siedlung, die heutige August-Bebel-Siedlung, erhielt. Mit Kriegsbeginn stieg der Bedarf an Flugzeugzubehör dramatisch an. Nun ließ die DLMG am Rand des Fabrikgeländes ein abgezäuntes Barackenlager für ausländische Arbeitskräfte errichten[118]. Im März 1945 war es mit mehr als 1.800 Zwangsarbeitern und Kriegsgefangenen belegt. Sie stammten vorwiegend aus Russland und Polen, aber auch aus Belgien, Italien, Frankreich und Holland. Im Sommer 1944 kam ein KZ-Außenlager für weibliche Häftlinge hinzu[119]. Organisatorisch war es dem KZ Sachsenhausen unterstellt, die Belegung mit etwa 770 jungen Frauen, vorwiegend aus Polen stammend, erfolgte aber aus dem KZ Ravensbrück. Die Frauen mussten bei völlig unzureichender Ernährung täglich zwölf Stunden in Tag- und Nachtschichten arbeiten. Mitte April 1945 wurde das Lager in Kleinmachnow durch Verlegung der Häftlinge in das KZ Sachsenhausen evakuiert und die Häftlinge von dort auf die berüchtigten Todesmärsche geschickt. Die Sowjetarmee eroberte Ende April 1945 Kleinmachnow und sprengte alle Lager. Von der DLMG sind nur wenige Spuren erhalten, im Wesentlichen das Eingangsgebäude und die Siedlung für Betriebsangehöre. Über einem Teil der Barackenfundamente befindet sich heute eine Deponie, die zum Freizeitgebiet umgestaltet werden soll. An die Lager schien in Kleinmachnow lange Zeit keine Erinnerung zu bestehen, bis sich der Heimathistoriker Rudolf Mach der Sache annahm und 2003 die Anbringung einer Gedenktafel erwirken konnte.

Auch die Neue Hakeburg und der Seeberg wurden von den Nationalsozialisten vereinnahmt und zu einem Zentrum der Kriegsvorbereitung und Kriegsführung gemacht[115,118]. 1936 verkaufte Dietloff von Hake wegen finanzieller Probleme die Neue Hakeburg einschließlich 44 Hektar Land an die Reichspost. Reichspostminister Wilhelm Ohnesorge richtete seine persönliche Residenz in der Neuen Hakeburg ein und ließ in ihrer unmittelbaren Nähe einen ausgedehnten, scharf bewachten Gebäudekomplex für die Reichspostforschungsanstalt errichten. Die Anstalt führte Untersuchungen zu Funkspionage, Raketenfernsteuerung, Radaraufklärung und vielen anderen, hochbrisanten Projekten durch und entwickelte sich mit 1.200 Mitarbeitern zur bedeutendsten wissenschaftlichen Einrichtung des Dritten Reichs. Ab Januar 1943 waren in ihr 40–50 Häftlinge, die vermutlich aus dem KZ Sachsenhausen stammten, als »Bauhilfsarbeiter« tätig. Eine weitere Gruppe von 25–30 Häftlingen wurde bei »waffentechnischen Untersuchungen« als Hilfskräfte eingesetzt.

Was den Ruf Kleinmachnows als Künstlerkolonie betrifft, hat Nicola Bröcker[116] einen interessanten Versuch gemacht, den Mythos zu quantifizieren. Mit Hilfe alter Adress- und Telefonbücher stellte sie fest, dass zwischen 1920 und 1945 82 Architekten, 38 bildende Künstler, 26 Schriftsteller, 22 Musiker und neun darstellende Künstler in Kleinmachnow lebten. Die bekanntesten unter Ihnen waren vermutlich der Komponisten Arnold Schönberg, der von Oktober 1911 bis Mai 1913 in der Villa Lepcke, Gradnauer Straße 1 wohnte, und der Komponist Kurt Weil, der im März 1932 das Haus Käthe-Kollwitz-Straße 7 kaufte, es aber schon im März 1933 wieder aufgeben musste, um zusammen mit Carola und Kaspar Neher nach Paris zu fliehen. Darüber hinaus hat Harald Kretzschmar in zwei Bänden fast 200, in Kleinmachnow heimische Künstler und »Originale« mit Schreib- und Zeichenfeder porträtiert und so ein detailliertes

Der Stolperberg, eine nach dem Zweiten Weltkrieg errichtete und in den letzten Jahren renaturierte Deponie, die die Relikte der KZ-Außenstelle auf dem Gelände der Dreilinden Maschinenbau AG teilweise überdeckt.

Bild des künstlerischen und intellektuellen Lebens in Kleinmachnow gezeichnet[120,121]. Danach kann kein Zweifel herrschen, dass Kleinmachnow seinem Ruf als Künstler- und Prominenten-Wohnort vollauf gerecht wird. Ob es auch als Künstlerkolonie bezeichnet werden kann, was wohl eine mehr oder weniger enge Kooperation der Koloniemitglieder implizieren würde, scheint hingegen fraglich.

Nach dem Krieg kehrten einige der Persönlichkeiten, die aus politischen Gründen vertrieben worden waren wie Adolf Grimme, Walter Janka und Herbert Sandberg, nach Kleinmachnow zurück. Bekannte Künstler wie die Schriftstellerinnen Christa Wolf und Maxi Wander kamen hinzu. Ein besonderer Vorteil Kleinmachnows war in dieser Zeit zweifellos, dass sich der »Westen« über der Grenzübergang Düppel leicht erreichen ließ. Die vielgenutzte Transitmöglichkeit entfiel aber 1961 mit dem Bau der Mauer. Kleinmachnows Entwicklung stagnierte danach. Das änderte sich nach dem Fall der Mauer 1989 drastisch. Von 1994 bis 2016 stieg die Bevölkerung von etwa 11.500 auf über 20.000. Kleinmachnow war besonders für Wohnungssuchende attraktiv, die in grüner Umgebung ein Haus mit Garten bewohnen wollten.

Der Rathausmarkt an der Förster-Funke-Allee: Der neue Ortsmittelpunkt.

Bei einer Besichtigung Kleinmachnows scheint heute nur noch wenig an die DDR zu erinnern. Doch der anfängliche Eindruck täuscht. Bei näherer Betrachtung springen vor allem die Straßennamen ins Auge, deren Patrone von Karl Marx über Ernst Thälmann bis Clara Zetkin reichen. Auch der 1948 eingerichtete »OdF-Platz« gehört mit seinem rätselhaften Namen, der sich als Kürzel für »Opfer des Faschismus« entpuppt, dazu. In dieser Hinsicht ist auch das Kulturhaus Kammerspiele in der Karl-Marx-Straße 18 zu nennen. Denn, obwohl schon 1936 als Kino erbaut, spielte es erst in DDR-Zeiten als Kultur- und Veranstaltungshaus und zusammen mit der benachbarten Eisdiele und diversen Geschäften die Rolle eines gefühlten Ortsmittelpunkts. In den 1990er-Jahren wurde es unter Denkmalschutz gestellt[122].

Kulturhaus Kammerspiele und Eisdiele an der Karl-Marx-Allee: Gefühlter Ortsmittelpunkt zu DDR-Zeiten.

Gedenkstein auf dem OdF (Opfer des Faschismus)-Platz.

Mit dem Bau des Teltowkanals hatte Kleinmachnow seinen historischen Ortsmittelpunkt verloren. 2004 aber konnte an der Förster-Funke-Allee nördlich des Seebergs ein neues Rathaus eingeweiht und der davorliegende »Rathausmarkt« zum neuen Ortsmittelpunkt erklärt werden. Ob sich das offizielle Zentrum auch zum Herz der Stadt entwickeln wird, kann nur die Zeit zeigen.

Südwestkirchhof Stahnsdorf: Ein Radialsystem der Berliner Synode

20

Der Südwestkirchhof Stahnsdorf wurde zu Beginn des 20. Jahrhunderts auf dem südlichen Teltow von der evangelischen Synode für Gemeinden in Charlottenburg, Schöneberg, Tiergarten und Moabit angelegt. Nach wechselvoller Geschichte gilt er heute als bedeutendster Friedhof des Berliner Raums und wird zudem in eine Reihe mit den großen Friedhöfen Europas wie Pére Lachaise in Paris und San Cristoforo della Pace in Venedig gestellt. Als Alleinstellungsmerkmal des Stahnsdorfer Kirchhofs könnte man seine Naturnähe nennen, bei der Grabstätten und Friedhofsbauten in einem großen, wildromantischen Waldgebiet versinken. Hinzu kommt natürlich – wie überall im Berliner Rand – die enge Verknüpfung mit der Zeitgeschichte. Sie manifestiert sich besonders in Zwangsumbettungen gigantischen Ausmaßes.

Mit dem starken Anstieg der Berliner Einwohnerzahlen in der zweiten Hälfte des 19. Jahrhunderts wuchs auch die Zahl der Todesfälle. Aber in der Stadt stand Gelände, auf dem neue Friedhöfe hätten errichtet werden konnten, nicht zur Verfügung oder war unbezahlbar. Deshalb beschloss die evangelische Synode Berlins 1901, für ihre Berliner Gemeinden mehrere große Friedhöfe weit außerhalb des damaligen Stadtgebiets anzulegen[123-125]. Ihre Erreichbarkeit sollte durch »modernste Verkehrsmittel« gewährleistet werden. Der

Den Südwestkirchhof betritt man von einem großzügig bemessenen Platz aus, an dem früher der 1976 abgetragene S-Bahnhof lag.

Das Gelände des Südwestkirchhofs ist so dicht von Wald überzogen, dass viele Gräber erst im Herbst sichtbar werden.

Plan war weder neu noch unumstritten. In Hamburg und Wien waren »Zentralfriedhöfe« schon Jahrzehnte früher eingerichtet und mit Erfolg betrieben worden. In Berlin hingegen wurde geltend gemacht, dass die große Entfernung den Leichentransport, die Reise der Trauergäste und die Grabpflege zu sehr erschweren würden. Auch wurde befürchtet, dass der Kirchhof in Stahnsdorf ein Armenfriedhof werde, weil alle, die es sich leisten könnten, ein Begräbnis in der Stadt vorziehen würden.

Es kam aber anders. Im Norden der Stadt wurde ein Friedhof am Mühlenbecker See eingerichtet. Er kam über ein Anfangsstadium nicht hinaus, weil sich der Boden nicht dauerhaft trockenlegen ließ. Ein Friedhof im Nordosten Berlins bei Ahrensfelde konnte hingegen erfolgreich angelegt und 1908 eröffnet werden. Es zeigte sich aber im Lauf der Jahre, dass er viel geringeren Zuspruch erhielt als erwartet. Allein der Südwestkirchhof in Stahnsdorf erfüllte

Der Kirchhof wird durch drei große Sichtachsen strukturiert, die die Mächtigkeit und Weite des Waldes erkennen lassen.

Auch das größte Gebäude des Südwestkirchhofs, die von Kirchenbaumeister Gustav Werner 1909 im Stil einer norwegischen Stabkirche erbaute Kapelle, passt sich in die Waldlandschaft ein.

die Erwartungen und übertraf sie sogar bei Weitem. Nachdem die evangelische Synode das etwa zwei Quadratkilometer große Gelände 1902 erworben hatte, setzte sie den Garteningenieur Louis Meyer und den Kirchenbaumeister Gustav Werner ein, um einen Friedhof zu planen, der den Bedürfnissen von 21, im westlichen Teil Berlins gelegenen Kirchengemeinden mit zusammen 600.000 Mitgliedern genügen würde. Die Pläne wurden ab 1909 umgesetzt und der Kirchhof 1911 eröffnet. Gleichzeitig wurde eine neue Bahnlinie angelegt, die von Wannsee über Dreilinden direkt zum Haupteingang des Kirchhofs führte.

Der farbenfroh gestaltete Eingang der Friedhofkapelle deutet durch ein Bibelzitat an, dass der Kirchhof Angehörigen aller Konfessionen offensteht.

Die Gestaltung des Südwestkirchhofs beruhte auf der Vorstellung, dass Garten- und Friedhofskunst eine natürliche und naturnahe Einheit darstellen. Deshalb wurde die bestehende Waldlandschaft im Wesentlichen erhalten und durch Anpflanzen von rund 100.000 Bäumen und Büschen verdichtet und verschönt. Ein Wegenetz und die Verlegung von Wasserleitungen bereiteten das Gelände auf seinen besonderen Zweck vor. Drei große Sichtachsen dienten in Lennéscher Tradition dazu, Weite zu erzeugen und landschaftliche Kontinuität zu vermitteln. Notwendige Bauten wie Torhäuser, Wartehallen, Belegschaftshäuser, Gärtnereien und Sägewerke wurden auf ein Minimum beschränkt und unauffällig in den Wald eingepasst. Selbst die Kapelle – der größte, mit einem Turm über die Baumgipfel hinausragende Bau des Kirchhofs – wurde, einer norwegischen Stabkirche ähnelnd, in Holz ausgeführt und damit dem Wald angepasst.

Auch die Grabanlagen sollten naturnah sein und im Wesentlichen aus unbehauenen Findlingen mit einfachen Inschriften bestehen. Jedoch ließ sich diese Vorstellung nicht lange einhalten. Der Südwestkirchhof wurde, allen Voraussagen zum Trotz, zu einem Prominentenfriedhof. Im Grabstättenverzeichnis erschienen Namen wie Corinth, Distler, Fontane, Gropius, Humperdinck, Langenscheidt, Murnau, Siemens, Ullstein und Zille. Mit der Prominenz der Toten wuchs die Größe der Grabstätten und reichte bald von einfachen unbehauenen Natursteinen über kleine und größere Mausoleen bis zu abgegrenzten Privatfriedhöfen. Die Zahl der Stilarten, in denen die Grabmale ausgeführt wurden, nahm mit der Zeit gleichfalls zu und reicht heute von Barock und Klassizismus über Jugendstil, Expressionismus und nationalsozialistischen Einflüssen bis zur Postmoderne, aber auch zeitloser Eleganz und extremer Schlichtheit. Das soll mit den folgenden Beispielen belegt werden.

Naturstein-Grabmale (Abbildung unten): Das ursprüngliche Konzept wurde zunächst vielfach befolgt, aber dann zunehmend durch Bearbeitung des Natursteins aufgeweicht. Ein Beispiel hierfür ist der Grabstein von Heinrich Zille, der neben einer Inschrift auch ein ausdrucksstarkes Portrait aufweist.

Grabmal Heinrich Zille, 1929, aus bearbeitetem Naturstein.

Expressionistische Grabkunst (Abbildung S. 153 oben): Julius Wissinger, Mitinhaber einer großen Saatgutfirma, erwarb 1920 eine 50 Quadratmeter große Grabstelle auf dem Südwestkirchhof und beauftragte Max Taut, der damals gerade durch expressionistische Architekturutopien in der Zeitschrift »Frühlicht« bekannt geworden war, damit, ein Erbbegräbnis für die Familie Wissinger zu errichten. Taut entwarf ein Baldachingrabmal, das sich durch seine offene Struktur, scharfkantige, verzweigte Stützen und aufgeworfene, kristalline Erdschollen auszeichnet[126]. Das Kunstwerk schien so gar nicht zum Naturkonzept des Kirchhofs zu passen und rief Aufregung und Protest hervor. Die evangelische Synode forderte sogar seine Entfernung. Trotz aller Anfechtungen überdauerte die Grab-

Grabmal Wissinger, 1920, von Max Taut.

anlage und wurde 1987/88 sogar von der DDR restauriert. Heute gilt es als eines der künstlerisch bedeutendsten Grabmale überhaupt.

Neoklassizistische Grabanlagen (Abbildung rechts): Der schwedische Architekt Alfred Grenander war seit 1902 bei der Berliner Hochbahngesellschaft beschäftigt und errichtete viele Berliner U-Bahnstationen, wobei er sowohl neoklassizistische (Wittenbergplatz) wie moderne (Krumme Lanke) Formelemente verwendete. 1922/23 gestaltete er auf dem Gelände des Südwestkirchhofs einen kleinen, abgegrenzten Friedhof für die Schwedische Gemeinde Berlins. Zentrales Element dieses Friedhofs ist ein neoklassizistischer Rundtempel, um den herum etwa 80 Gräber angeordnet sind.

Der schwedische Friedhof, 1922/23, von Alfred Grenander.

Barocke Grabanlagen (Abbildung S. 154 oben): Im Rahmen der vom nationalsozialistischen Regime zwangsweise durchgeführten »alten Umbettung« gelangten ab

Alte Umbettung mit der Grabstätte Langenscheidt von 1885 (rechter Rand).

1939 Tausende prunkvoller Grabmale aus dem 18. und 19. Jahrhundert auf den Südwestfriedhof und wurden entlang der nördlichen Grenze des Kirchhoffs in Reihe und Glied aufgestellt. Unter ihnen befindet sich das 1885 im Neorenaissancestil errichtete Mausoleum der Familie Langenscheidt, das sich durch ein kunstvolles Portal mit farbigem Wappen auszeichnet.

Ein Grabmal im »neuen deutschen Stil« (Abbildung rechts): Der Grabstein von Otto Rohrbach, einem deutschen Ingenieur, Flugzeugkonstrukteur und Unternehmer, ist mit einer Plastik des Ikarus versehen. Sie wurde 1940 von Arno Breker[127], dem prominentesten Bildhauer des nationalsozialistischen Regimes, geschaffen. Breker ist wegen der plastischen Ausgestaltung der nationalsozialistischen Rassenideologie, wie sie sich zum Beispiel in den überlebensgroßen Skulpturen auf dem Olympiagelände manifestiert, bekannt und berüchtigt. Die Plastik auf dem Rohrbach-

Grabstein von Otto Rohrbach, 1940, mit der Plastik »Ikarus« von Arno Breker.

Grabmal von Arco, 1940, mit einem Portrait-Medaillon von Paul Gruson.

schen Grabstein zeugt aber in erster Linie von der großen Gestaltungskraft seines Schöpfers. Den Zug zum Mörderisch-Heroischen wird man darin wohl nur erahnen können, wenn man ein wenig von ihrem Schöpfer weiß. 1900 in Ebersfeld geboren zog es Breker nach einem Bildhauer- und Architekturstudium in Düsseldorf nach Paris, wo er mit Künstlern wie Jean Cocteau, Jean Renoir und Pablo Picasso bekannt wurde. Nach Aufenthalten in Italien kehrte er 1934 auf Drängen von Max Liebermann nach Deutschland zurück. Dort wurde er zunächst von den Nationalsozialisten als dekadent und frankophil abgelehnt, wusste sich aber schnell dem System anzupassen und prägte ab 1936 maßgeblich »den neuen deutschen Stil« vom »gesunden, arischen Menschentyp«. 1948 wurde er von den Alliierten als Mitläufer eingestuft und konnte sich als freier Künstler in Düsseldorf ansiedeln. Im Lauf der Jahre erhielt er von der politischen und industriellen Prominenz der Bundesrepublik Deutschland – vertreten zum Beispiel durch Abs, Adenauer, Henkel, Oetker, Quandt, und Schickedanz – zahlreiche Aufträge für Portraitbüsten. Außerdem war er mit Künstlern wie Jean Cocteau, Jean Marais, Salvador Dali, Ernst Jünger, Ernst Fuchs und Ezra Pound bis zu seinem Tod 1991 eng befreundet.

Zeitloses Design (Abbildung oben): Georg Wilhelm Alexander Hans Graf von Arco, Pionier auf dem Gebiet leistungsstarker Sendeanlagen und technischer Direktor der Telefunken-Gesellschaft, wurde 1940 auf dem Südwestkirchhof begraben. Sein Grab ist mit einem schlichen, aus Muschelkalksteinen zusammengesetzten Quader geschmückt, der außer Namen, Geburts- und Todesdatum nur ein Medaillon des Verstorbenen aufweist. Das Medaillon wurde von Paul Gruson hergestellt, einem Berliner Bildhauer, dessen bekanntestes Werk wahrscheinlich die Skulptur aus den 1920er-Jahren auf dem Platz zum Wilden Eber in Dahlem ist, der aber auch eine Skulptur von Horst Wessel für das nationalsozialistische Regime und eine Skulptur

Grabmal Elisabeth Baronin von Ardenne.

von Wilhelm Pieck für die DDR schuf.

Schlichtheit (Abbildung oben): Am westlichen Rand des Südwestkirchhofs befindet sich ein Urnengrab, das lediglich aus einer Steintafel mit der Inschrift »Elisabeth Baronin von Ardenne / geb. Freiin und Edle von Plotho / geb. 26.10.1853 gest. 5.2.1952« und einer bescheidenen Bepflanzung besteht. Das Schicksal von Elisabeth von Ardenne wurde von Theodor Fontane in dem Roman »Effi Briest« verarbeitetet. Allerding ließ Fontane in dem 1895 erschienenen Werk Effi Briest am Duell-Tod ihres Geliebten, der Scheidung von ihrem Ehemann und der Trennung von ihren Kindern zerbrechen und im Alter von etwa 30 Jahren sterben. Fontane, der selbst 1898 starb, konnte nicht wissen, dass das Leben seiner Protagonistin in der Wirklichkeit einen ganz anderen Verlauf nahm. Elisabeth von Ardenne zog nach der Scheidung aus Berlin fort, absolvierte in der Schweiz eine Ausbildung zur Krankenschwester und arbeitete noch viele Jahrzehnte lang sehr erfolgreich in verschiedenen deutschen Krankenhäusern. Ihre Kinder sah sie etwa 20 Jahre nach der Scheidung wieder.

Zur inneren Differenzierung des Kirchhofs kam die Angliederung selbstständiger, zum Teil völlig anders gearteter Friedhöfe. So wurde dem Kirchhof 1921 am nördlichen Rand der Waldfriedhof Wilmersdorf angegliedert. Er war dem Südwestkirchhof in Konzept und Ausführung noch sehr ähnlich. Völlig andere Elemente hingegen brachte die Errichtung eines englischen und eines italienischen Soldatenfriedhofs 1924–26 im westlichen Rand mit sich. In ihnen wurden in Deutschland verstreute Soldatengräber aus dem ersten Weltkrieg vereint. Ihre Gestaltung ist von Geometrie, Monumentalität und patriotischem Pathos geleitet. Einem großen Eingriff war 1939 der nördliche Rand ausgesetzt. Das nationalsozialistische Regime wollte Berlin zur

Brücke über den Teltowkanal, auf der die S-Bahn zwischen Wannsee und dem Südwestkirchhof Stahnsdorf bis zum Mauerbau 1961 verkehrte.

Welthauptstadt Germania umbauen und verkleinerte im Vorgriff auf den nie ausgeführten Plan die Schöneberger Friedhöfe Neuer St. Matthäus Friedhof (Priesterweg), Alter St. Matthäus Friedhof (Grosgörschenstraße), Neuer Friedhof der XII. Apostel Gemeinde (Werdauer Weg) und I. Städtischer Friedhof (Maxstraße). Etwa 15.000, teilweise äußerst prächtige Grabanlagen wurden in diesem Zusammenhang nach Stahnsdorf transferiert und in der Waldlandschaft aufgestellt. 1949 wurden zudem auf Veranlassung der Alliierten die Gebeine von etwa 200 preußischen Generälen aus der alten Garnisonskirche in Berlin zum Südwestkirchhof überführt und in einem anonymen Gemeinschaftsgrab bestattet.

Im Kalten Krieg verlor der Südwestkirchhof seine Rolle als zentraler Berliner Friedhof. Der Zugang von West-Berlin aus war nach der Teilung Deutschlands zunächst nur durch einen Passierscheinzwang erschwert, wurde aber 1961 mit dem Bau der Mauer blockiert. In den nachfolgenden Jahren wurde die stillgelegte S-Bahn-Verbindung demontiert und 1976 schließlich das Bahnhofsgebäude in Stahnsdorf gesprengt und abgetragen. Der Einigungsvertrag vom 31. August 1990 bestimmte zwar, dass alle alten S-Bahnverbindungen wiederhergestellt werden sollen. Das Versprechen harrt aber der Erfüllung.

In der Mitte des 17. Jahrhunderts beschloss

Blick über den Rand

Potsdams historische Mitte

der brandenburgische Kurfürst Friedrich Wilhelm, den etwa 35 Kilometer südöstlich der Berliner Mitte gelegenen Potsdamer Werder zu seiner Nebenresidenz auszubauen. Sechs Hohenzollern-Generationen setzten das Projekt kontinuierlich fort und schufen in 200 Jahren eine Schlösser- und Parklandschaft, die als Gesamtkunstwerk weltberühmt wurde. Das Zentrum des »Preußischen Elysiums«, die historische Mitte Potsdams, wurde jedoch am 14. April 1945 bei einem Bombenangriff der britischen Luftwaffe zerstört. Im Folgenden entwickelte die DDR eine enorme Bautätigkeit in Potsdam mit dem Hauptziel, die »Wiege des preußischen Militarismus« durch eine »sozialistische Stadt« zu ersetzen. Eine konträre Bauphase, 1990 einsetzend, hatte hingegen eine »behutsame Annäherung an den historischen Stadtgrundriss- und aufriss« zur Leitlinie. Erst allmählich wurde klar, dass die »Annäherung« nicht nur die Wiederherstellung historischer Bauten, sondern stillschweigend auch den Abriss zahlreicher DDR-Bauten einschloss, was inzwischen zu einem heftigen Diskurs über die Sinnhaftigkeit historisierender Neubauten und den angemessenen Umgang mit DDR-Stadtplanung und -Architektur geführt hat.

Die Geschichte der Beziehungen zwischen Potsdam und Berlin beginnt mit Friedrich Wilhelm, dem Große Kurfürsten. 1620 im Berliner Stadtschloss geboren, verbrachte er seine Jugend wegen des Dreißigjährigen Kriegs bei seiner Verwandtschaft mütterlicherseits in Arnheim und Leiden[9] und wurde dabei von den Niederländischen Künsten und Wissenschaften stark beeinflusst. Als er im Alter von 20 Jahren zum Kurfürst gekürt wurde, war der Dreißigjährige Krieg noch in vollem Gange, und er musste sich zunächst aller möglichen inneren und äußeren Feinde erwehren. Erst ab etwa 1660 fand er wieder Zeit, sich um alltäglichere Dinge wie eine standesgemäße Residenz zu kümmern. Das Berliner Schloss, das sich in schlech-

Die Pracht der Havellandschaft beim Blick vom Pfingstberg.

Das Potsdamer Zentrum nach Umwandlung in eine sozialistische Stadt mit Magistrale und Aufmarschplatz.

tem Zustand befand, interessierte ihn aber wenig und er sann vielmehr auf einen kompletten Neubau. Als Standort dafür wählte er überraschend Potsdam aus. Hierzu mag ihn seine große Jagdleidenschaft bewogen haben, der er in den ausgedehnten Wäldern um Potsdam frönen konnte. Mehr noch dürfte ins Gewicht gefallen sein, dass die Havellandschaft versprach, sich dem Zeitgeschmack entsprechend zu einer Ideallandschaft mit wundervollen Aussichten auf fruchtbare Ebenen, liebliche Hügel und tiefe Wälder inszenieren zu lassen[9]. Zwischen 1660 und 1670 erwarb er große Landpartien in Potsdam und Umgebung und ließ ab 1662 unter der Leitung von Johann Gregor Memhardt ein Schloss im niederländisch-neoklassizistischen Stil einschließlich Lustgarten errichten. Ab 1671 hielt er sich häufig im Potsdamer Schloss auf und verlegte schließlich die Hofhaltung ganz nach Potsdam. Dort zum Beispiel unterzeichnete er 1685 das Edikt von Potsdam, das etwa 15.000 Hugenotten ermöglichte, sich in Preußen anzusiedeln. Dort auch starb er 1688.

Dem Sohn des Großen Kurfürsten, Friedrich III., gelang es durch geschickte Politik und viel Glück die Hohenzollerndynastie auf eine neue Ebene zu heben[9]. Am 18. Januar 1701 konnte er sich mit Genehmigung Kaiser Leopolds in Königsberg zu Friedrich I., König in Preußen, krönen. Zum Andenken an das Ereignis ließ er noch im selben Jahr das Potsdamer Schloss von dem hugenottischen Architekten Jean de Boldt mit dem Fortunaportal schmücken. Dass Preußen die Europäische Bühne betreten hatte, demonstrierte Friedrich I. auch 1709 mit dem Dreikönigstreffen, an dem August der Starke, Kurfürst von Sachsen und König von Polen, sowie Friedrich IV. von Dänemark teilnahmen. Bezeichnenderweise fand das Treffen in Potsdam und nicht in Berlin statt.

Nach dem Tod Friedrichs I. im Jahr 1713

Das historische Zentrum Potsdams als Mosaik aus rekonstruierten historischen Bauten (Nikolaikirche, links), DDR-Bauten (Hotel Mercure, rechts) und historisierender Neubauten (Stadtschloss, Mitte).

übernahm sein Sohn Friedrich Wilhelm I. die Regierungsgeschäfte[124]. Er lehnte den von Vater gepflegten gesellschaftlichen Pomp kategorisch ab und widmete sich ganz dem Aufbau des Heeres. Zu diesem Zweck funktionierte er den Lustgarten des Potsdamer Schlosses zum Exerzierplatz, das Pommeranzenhaus (Orangerie) zum Marstall (Pferdestall) und das Glienicker Jagdhaus zum Lazarett um. 1713 ließ er in Potsdam, das damals etwa 200 Häuser mit 1.000 Einwohnern umfasste, 500 Soldaten einquartieren. Einzig um mehr Soldaten unterbringen zu können, erweiterte er wiederholt die Stadt. Zuerst ließ er von 1722 bis 1725 einen Streifen an der Außenseite des Stadtkanals mit schlichten Häusern bebauen. 1733 folgte weiter nördlich die zweite Stadterweiterung mit Häusern besserer Qualität. Hinzu kam schließlich noch das Holländische Viertel, das von dem niederländischen Ingenieur Jan Boumann in den Jahren 1734 bis 1742 errichtet wurde. Ab 1720 bemühte er sich um eine Verschönerung der Potsdamer Stadtsilhouette und ließ zu diesem Zweck die Nicolaikirche (1721-24), die Heilig-Geist-Kirche (1728) und die Garnisonkirche (1735) errichten. Der so kreierte »Dreikirchenblick« erlangte große Berühmtheit und war bis zu seiner Zerstörung 1945 das Signaturmerkmal Potsdams.

Friedrich II., Sohn Friedrich Wilhelms I., hatte neben philosophischen, literarischen, musikalischen und militärischen Interessen eine große Vorliebe für Stadtplanung und Architektur[124]. Während seiner Regentschaft (1740–1786) ließ er in Potsdam nicht nur das Schloss Sanssouci mit Park und Neuem Palais errichten, sondern unterzog auch den gesamten Stadtkern einer gründlichen Überarbeitung. Den Anfang machte 1743 ein Umbau des Schlosses, dem eine Erweiterung des Lustgartens, die Ausschmückung des Marstalls und die Errichtung von Kolonnaden zwischen

Die 1771 mit Schmuckfassaden ausgestattete, 1945 schwer beschädigte Wilhelm-Staab-Straße wurde von der DDR bereits zwischen 1955 und 1958 im Rahmen ihres »Aufbauprogramms im Sinn der »nationalen Tradition« restauriert.

Schloss, Lustgarten und Marstall folgten. Dann wurden der Alte Markt umgestaltet, die Nikolaikirche mit einer Schaufassade versehen, der Obelisk errichtet und das Rathaus neu erbaut. Die Bürgerhäuser der Stadt ließ Friedrich II. mit Schaufassaden verkleiden, die sich an römischen, italienischen, französischen und englischen Vorbilder orientierten. Wichtig war ihm das Erscheinungsbild. Ob Tageslicht durch die vorgestellten Fassanden in die Stuben der Bewohner drang, kümmerte ihn nicht[124].

Der Nachfolger Friedrichs II., sein Neffe Friedrich Wilhelm II., wusste die Zeichen der Zeit wohl nicht recht zu lesen[9]. Unbeeindruckt von der Französischen Revolution und dem definitiven Ende des Absolutismus ließ er sich als erstes ein neues Schloss erbauen, das Marmorpalais im Neuen Garten. Gleichzeitig setzte er das Maitressenwesen munter fort und schuf sich dafür mit Wilhelmine Enke, der begabten Tochter des Hoftrompeters, ein fantasievolles Resort auf der Pfaueninsel. Seine Popularität suchte er mit dem Bau eines großen Schauspielhauses am Potsdamer Stadtkanal zu fördern. Es trug auf der Stirnseite in großen Lettern die Inschrift »Dem Vergnügen der Einwohner«. 1795 jedoch wurde bei einem verheerenden Brand die Potsdamer Altstadt einschließlich Nikolaikirche vernichtet.

Anders als sein Vater war Friedrich Wilhelm III. ein ungewöhnlich wortkarger, zögerlicher und sparsamer Mensch. Die Regierungsgeschäfte nahm er sehr ernst und bedachte seine Entscheidungen gründlich[9]. 1797 auf den Thron gelangt, verzichtete er auf allen Prunk und ließ sogar das kostbare Inventar, das Friedrich II. für das Potsdamer Schloss angeschafft hatte, verkaufen. Als Sommersitz leistete er sich nur das Anwesen in Paretz, das eher einem Landgut denn königlichem Schloss gleicht. Ansonsten pendelte er mit seiner Regierung zwischen den Schlössern in Berlin, Charlottenburg und Potsdam und setzte damit ein erstes Zeichen für die

Die Nikolaikirche wurde 1945 beim Beschuss Potsdams durch die Rote Armee schwer beschädigt, die Kuppel fiel ein, die Apsis erhielt schwere Risse, die größte Glocke zerschellte. Schon 1948 beschloss der Gemeindekirchenrat den Wiederaufbau, der aber erst 1981 nach Überwindung großer finanzieller und technischer Schwierigkeiten abgeschlossen werden konnte.

Die Freundschaftsinsel mit der 1974 geschaffenen Skulptur «Schönheit des Menschen in der Natur" von Magret Midell (vorn) und dem Turm der 1997 errichteten Gebäudes, das die 1960 abgetragene Heilig-Geist-Kirche ersetzt (hinten).

Rückverlagerung des politischen Schwerpunkts von Potsdam nach Berlin. Für Potsdam war das mit einem wirtschaftlichen Niedergang verbunden, denn die Bautätigkeit der Hohenzollern kam zum Stillstand, und die Soldaten verschwanden aus der Stadt. Die Preußischen Reformen hingegen verschafften den Potsdamern neue Freiheiten. Die wirtschaftliche Lage besserte sich in den 1820er-Jahren. Ab 1826 konnte die Nikolaikirche nach Entwürfen von Schinkel, zunächst noch ohne Türme und Kuppel, wiedererrichtet und 1837 eingeweiht werden. Die Lange Brücke wurde 1824 und die Glienicker Brücke 1831 neu erbaut. Das Industriezeitalter kündigte sich 1838 allen sicht- und hörbar mit der Einrichtung der Stammbahn an.

1840 kehrte die große hohenzollernsche Baulust – zum letzten Mal, aber besonders intensiv – nach Potsdam zurück. Getragen wurde sie von Friedrich Wilhelm IV., der den Thron nach dem Tod seines Vaters Friedrich Wilhelm III. 1840 erlangte und bis 1861 innehatte. Er war ein konservativer Monarch, dessen Leitbild ein »christlicher Staat ausschließlich dynastischer Prägung«[9] war. Auch hegte er eine große Bewunderung für Friedrich II. und wollte ganz Potsdam zu einer Gedenkstätte für ihn ausbauen. Bei der Umsetzung seiner Pläne, die nur teilweise gelang, konnte er sich auf eine Reihe großartiger Künstler wie Schinkel, Lenné, Persius, Stüler und Rauch stützen. Als erstes machte er Sanssouci wieder zur königlichen Sommerresidenz. Am Alten Markt ließ er trotz schwieriger Haushaltslage 1843 von Persius und

Der Schaugarten auf der Freundschaftsinsel, 1953 von den Landschaftsarchitekten Walter Funke und Hermann Göritz 1953 restaurierten und mit Wasserbecken versehen.

»Wer Träume verwirklichen will, muss wacher sein und tiefer träumen als andere«: Die 1974 von Christian Roehl zum 100. Geburtstag des in Potsdam wirkenden Garten-Philosophen Karl Foerster (1874 – 1970) geschaffene Skulptur.

Stüler die Nikolaikirche mit einer riesigen Kuppel und vier Ecktürmen versehen und 1851 den Barberinipalast umbauen. Im übrigen Potsdam wurden 1841 die »Moschee« an der Neustädter Bucht, 1845 die »Meierei« im Neuen Garten und das Gut in Bornstedt, 1851–1864 die Orangerie oberhalb des Schlosses Sanssouci, ab 1852 das Belvedere auf dem Pfingstberg, und ab 1856 die Friedenskirche einschließlich Nebenbauten in altkirchlichem Stil errichtet. Bei all diesen Unternehmungen war es besonders Peter Joseph Lenné, der durch seine jahrzehntelange Tätigkeit als Landschafts- und Gartenarchitekt die gesamte Potsdamer Landschaft und ihre Umgebung prägte und ihre Teile durch ein kunstvolles System von Sichtachsen miteinander in Beziehung setzte. Als Stadt entwickelte sich Potsdam nur langsam. Die Stammbahn verschaffte zwar dem Tourismus einen beträchtlichen Schub, aber eine nennenswerte Industrialisierung blieb aus.

Die geplante Wiedererrichtung der Garnisonirche – 1968 von der DDR abgetragen und mit einem Rechenzentrum überbaut – ist Gegenstand eines heftigen Diskurses.

Während der Märzrevolution 1848/1849 war es in Potsdam ruhig, obwohl einer ihrer bekanntesten Protagonisten, der 1849 wegen Kriegsverrats hingerichtete Student Johann Ludwig Maximilian Dortu, aus Potsdam stammte. Mit dem Tod Friedrich Wilhelms IV. 1861 endete die Rolle Potsdams als Nebenresidenz der Hohenzollern. Der politische Schwerpunkt lag wieder ganz in Berlin. Potsdam blieb hingegen ein bevorzugter Wohnort ehemaliger Militärs und wohlhabender Rentner. Vor allem aber wurde es ein touristisches Ziel, das wegen großer Schönheit, Harmonie und italienischen Flairs aufgesucht wurde[128]. Der Weltöffentlichkeit wurde Potsdam zunehmend als Bühne preußischer Militär- und Staatstradition präsentiert.

Der Luftangriff im April 1945 beschädigte die Potsdamer Mitte schwer. Jedoch hätten fast alle historischen Gebäude wiederhergestellt werden können[129]. Das entsprach aber nicht dem Willen der Sowjet-

Das Café Seerose an der Neustädter Havelbucht wurde 1983 nach Plänen von Diether Athing und Ulrich Müther errichtet und gilt als Musterbeispiel der »Ostmoderne«.

Das Schloss der Hohenzollern in Potsdam – 1662 erbaut, 1945 zerstört, 1960 von der DDR abgetragen – wurde ab 2010 am ursprünglichen Standort nachgebaut und 2014 als Sitz des Brandenburgischen Landtags eröffnet.

union, deren Armee Potsdam am 27. April 1945 einnahm. Sofort wurden 150 Straßen und Plätze umbenannt, der bis zum heutigen Tage bestehende Soldatenfriedhof auf dem mitten in der Stadt gelegenen Bassinplatz errichtet und Teile des Lustgartens

Die Südfassade des rekonstruierten Schlosses mit dem Hauptportal.

Eine, von dem venezianischen Architekten Augusto Romano Burelli 1997 geschaffene Interpretation der historischen, 1960 von der DDR abgetragenen Heilig-Geist-Kirche.

mit einem Sportstadion überbaut. Jedwede Erinnerung an die »Wiege des Preußischen Militarismus« sollte durch Umwandlung Potsdams in eine »sozialistische Stadt« unwiderruflich getilgt werden. Die im November 1949 konstituierte DDR setzte die sowjetische Politik grundsätzlich fort, wollte jedoch gleichzeitig die »Nationale Tradition« pflegen, um die historische Bausubstanz der Arbeiterklasse zugutekommen zu lassen[130]. Zum Beispiel machte man Pläne für den Wiederaufbau des Schlosses und restaurierte die Wilhelm-Staab-Straße zur »ersten barocken Straße der DDR«.

Die Phase der nationalen Tradition endete 1955 mit Stalins Tod und Chruschtschows Amtsantritt[129]. Wegen großen Wohnungsmangels musste nun viel und billig gebaut werden, was nur mit Typisierung und industriellen Bau-Methoden einschließlich Montagebau, kurz »Plattenbau« genannt, zu erreichen war. Bei den ersten Bauten dieser Art, die 1957/58 die in der Heilig-Geist-Straße entstanden, hielt man sich noch an die traditionelle Traufhöhe. Aber schon ein Jahr später war das in der Französischen Straße nicht mehr der Fall. Die Bautätigkeit hielt bis zum Ende der DDR an und führte zu zahlreichen Plattenbausiedlungen in und um Potsdams wie zum Beispiel der Waldstadt I, Auf dem Kiwitt, Potsdam West und Zentrum Ost.

Auch die historische Mitte Potsdams erfuhr seit 1958 eine tiefgreifende Umgestaltung[129]. Die Lange Brücke wurde nach Westen versetzt, die Schlossruine gesprengt und das Schlossgelände mit einer sozialistischen Magistrale einschließlich Straßenbahntrasse überbaut. Am Alten Markt wurden zwar Nikolaikirche, Rathaus und Knobelsdorffhaus erhalten, anderes aber abgerissen und durch große Neubauten wie Landes- und Hochschulbibliothek und Fachhochschule ersetzt. 1963 wurde der Stadtkanal verrohrt und zugeschüttet, seine Brücken demontiert. Die Garnisonkirche wurde 1968 gesprengt und das Gelände mit einem Rechenzentrum überbaut. Im ehemaligen Lustgarten entstand 1969 das 17-stöckige Interhotel (heute Mercure-Hotel) als neue »Höhendominante« und »Stadtkrone«. Auf dem noch freien Teil des Alten Marktes wurde noch 1988 mit dem Bau eines Theaters begonnen, das einen 28 Meter hohen Bühnenturm haben sollte.

Trotz aller Radikalität beim Umbau war die Stadtverwaltung Potsdams wie die DDR im Ganzen keineswegs immun gegen internationale Trends. So äußerte sich das Wiedererwachen der Wertschätzung historischer Bauten, die in West-Berlin Ende der 1970er-Jahre einsetzte, auch in Potsdam, zum Beispiel in der Restaurierung von Brandenburger Straße und Holländischem Viertel[130,131]. Auch postmoderne Tendenzen wurden in Potsdam aufgenommen, wie das von Ulrich Müther entworfene Restaurant Seerose an der Neustädter Havelbucht bezeugt.

Die Wiedervereinigung 1990 brachte große Änderungen bei der Potsdamer Stadtplanung mit sich. Bürgerinitiativen nahmen ihre Anliegen selbst in die Hand und legten zum Beispiel einen Teil des Stadtgrabens frei. Die Stadtverwaltung zog mit dem bereits eingangs erwähnten Beschluss zur »behutsamen Annäherung an den historischen Stadtgrundriss- und aufriss« nach[129]. In ersten Sofortmaßnahmen ließ sie den Rohbau des Theaters abreißen und das Lustgarten-Gelände von Ernst-Thälmann-Stadion und Karl-Liebknecht-Forum befreien. In den folgenden Jahren setzte eine breite Restaurationswelle ein, die zu einem beträchtlichen Teil von äußerst prominenten, aus West-Berlin oder Westdeutschland stammenden Privatpersonen getragen wurde. Bisheriger Höhepunkt war ein Neubau, der den Grundriss des abgetragenen Schlosses präzise belegt und auch in seinem Äußeren das ehemalige Stadtschloss soweit wie möglich nachahmt. Innen hingegen ist es ein moderner Neubau und dient dem Landtag Brandenburgs als Residenz. Die Stadtverwaltung von Potsdam hat noch viele weitere Pläne für die Rückgewinnung des historischen Stadtplans[129]. Am heftigsten wird zurzeit über den Abriss des Mercure-Hotels und eine Wiedererrichtung der Garnisonirche gerungen. Die Planung wird von einem umfassenden Diskurs zur Sinnhaftigkeit barocker Stilbauten und dem wortlosen Entfernen von DDR-Architektur begleitet.[130,132,133]

Die Stahlkonstruktion auf dem Ersatzbau der Heilig-Geist-Kirche, ist betretbar, aber nur bei Schwindelfreiheit.

Nachwort

Das Kaleidoskop des Berliner Rands, obwohl auf einer subjektiven und begrenzten Auswahl paradigmatischer Randobjekte beruhend, enthält eine Fülle optischer Informationen, die sich nicht in wenigen Worten zusammenfassen lässt. Ihre weitere Analyse und Auswertung bleiben dem Betrachter und Leser selbst überlassen. Möglich ist aber, einige generelle Schlüsse zu ziehen, die den Stadtrand im Allgemeinen wie auch den Berliner Rand im Besonderen betreffen.

Am offensichtlichsten unter den im Kaleidoskop gezeigten Eigenschaften des Berliner Rands ist vielleicht seine enorme Heterogenität. Sie spiegelt das zum Teil chaotische Sammelsurium von »hellen« Seiten – etwa prachtvollen Schlössern und traumhaft schönen Parks – und »dunklen« Seiten – Deponien, Rieselfeldern, Industrieanlagen und Flughäfen – wider. Dem Stadtzentrum fehlt eine Heterogenität solchen Ausmaßes. Es verfügt dafür einfach nicht über genügend Platz und muss im Lauf seiner Expansion platzfordernde und umweltbelastende Anlagen in den Stadtrand auslagern. Die Vielfalt des Stadtrandes und die vergleichsweise Einfachheit des Stadtzentrums sind keine Besonderheiten Berlins, sondern eher der Regelfall der Stadtentwicklung. Sie sind aber ein wichtiges Argument dafür, dem Stadtrand eine im Vergleich mit dem Stadtzentrum größere Bedeutung zuzumessen. Vereinfacht und auf den Punkt gebracht könnte man sagen, dass die Stadt zwar ohne Zentrum, nicht aber ohne Rand auskommen kann.

Der Infrastruktur des Berliner Randes, sichtbar besonders in Gestalt seiner Straßen, Brücken, Bahnlinien und Wasserwege, haftet vielfach etwas Altes, wenn nicht Antiquiertes an. Tatsächlich zeigt der nähere Blick, dass die Infrastruktur des Berliner Rands in beträchtlichem Ausmaß direkt auf Anlagen aus Wilhelminischen Zeiten zurückgeht und immer noch direkte Verbindungen zu den Anfängen von Eisenbahnbau (ab 1838), Kanalisation (ab 1870) und Elektrifizierung (ab 1900) hat. Die Antiquiertheit der Infrastruktur ist aber ebenso wenig wie die Vielfalt eine Besonderheit des Berliner Rands, sondern kommt in analoger Form in vielen Metropolen vor.

Eine Eigenschaft hingegen, die speziell den Berliner Rand auszeichnet und zu einem Alleinstellungsmerkmal geworden ist, ist der zuweilen überaus scharfe Übergang von Stadt zu Land. Bei ihm können zum Beispiel Wohnhochhäuser mit freilaufenden Bullen aufeinanderstoßen. Solche abrupten Übergänge kommen besonders in Reinickendorf, Hellersdorf, Britz und Marienfelde vor, wo Großsiedlung direkt an der Ost-West-Grenze errichtet wurden. Es sind Relikte der Teilung Berlins während des Kalten Krieges, die durch den Bau der Mauer geschärft wurden und bis heute überdauert haben.

Im Berliner Rand finden sich aber auch Gegenbeispiele zum scharfen Stadt-Land-Übergang. Zum Beispiel kam es schon gegen Ende des 19. Jahrhunderts zur Ausbildung einer kontinuierlichen Kulturlandschaft zwischen Berlin und Potsdam. Diese Besonderheit verdankt sich der Schönheit der Havellandschaft, der Vorliebe der Hohenzollerndynastie für die Jagd, dem Bau der Stammbahn und nicht zuletzt der vorherrschenden nordwestlichen Windrichtung. Denn sie beförderte den Bau von Villenkolonien im Südwesten Berlins, wo sie – in Bezug auf Industrieanlagen und Rieselfelder – »vor dem Wind« lagen. Die Isolation West-Berlins im Kalten Krieg zerschnitt zwar die Berlin-Potsdamer-Kulturlandschaft. Sie konnte sich aber nach der Wiedervereinigung schnell erholen. Zurzeit wird sie sogar stark ausgebaut und dürfte durch den Flughafen Berlin-Brandenburg weiteren Auftrieb erhalten.

Zum Schluss muss noch eine weitere Einzigartigkeit des Berliner Rands erwähnt werden, die für die Entwicklung Berlins und seines Rands entscheidende Bedeutung hat. Im Kaleidoskop ist sie schon mehrfach aufgetaucht, wenn auch nur in indirekter, kodierter Form. Es geht darum, dass der Berliner Rand in Bezug auf die politische Einstellung seiner Bewohner in zwei Teile zerfällt. Die Teile entsprechen ziemlich genau denen, die einst zu West-Berlin beziehungsweise Ost-Berlin gehörten. Diese unbequeme, von politischer Seite gern beschönigte Wahrheit kommt bei Wahlen, wie zuletzt im September 2016, klar zum Ausdruck. Dass die mentale und soziologische Teilung des Berliner Rands die physische Teilung so lange überdauert hat, weist darauf hin, dass beim »Beitritt«, wie der Wiedervereinigungsprozess offiziell bezeichnet wird, schwerwiegende Fehler unterlaufen sind, die noch der gründlichen Analyse und Korrektur bedürfen.

Zum Abschluss möchte ich auf die Symbolik urbaner Strukturen und ihre Dechiffrierung zurückkommen und dem Leser ein unterhaltsames und ziemlich unerschöpfliches Spiel vorschlagen. In Berlin – sowohl seinem Rand wie seinem Zentrum – gibt es fast alles doppelt. Das ist teilweise auf die 40 Jahre dauernde Teilung Berlins in Ost und West zurückzuführen, bei der sich die Stadthälften zu unabhängigen Metropolen entwickelten. Die eigentliche Ursache dürfte aber tiefer liegen und letztlich auf der doppelten Symmetrie der Berliner Landschaft beruhen. Da liegt es nahe, korrespondierende Objekt-Paare zu identifizieren und zu vergleichen, zum Beispiel Müggelsee und Wannsee, Köpenick und Spandau, Wuhle und Tegeler Fließ, Marzahn und Märkisches Viertel, Oberschöneweide und Tegeler Borsiggelände, Friedrichshagener Dichterkreis und Neue Gemeinschaft am Schlachtensee. Im nächsten Schritt vergleicht man die Objektpaare genauer und findet zum Beispiel beim Paar Villenkolonie Zehlendorf-West/Gartenstadt Frohnau, dass ihre Zentren von asymmetrischen, schmetterlingsförmigen, mit schönen Grünflächen geschmückten und von Geschäften und Dienstleistungsbetrieben gesäumten Doppelplätzen gebildet werden, dass die zentrale Funktion der Plätze von einem auffälligen Bahnhofsgebäude und einem sehr hohen Turm unterstrichen werden, dass die Bahntrassen mitten durch die Doppelplätze verlaufen, dass von den Doppelplätzen ein Netz von organisch dem Gelände angepassten Straßen ausgeht und Verschiedenes mehr. Natürlich ließen sich auch viele Unterschiede auflisten. Nun kann man fragen, wie die Ähnlichkeiten und Unterschiede zu Stande kommen. Im Fall Zehlendorf-West/Frohnau zeigt sich, dass beide Objekte kurz hintereinander entstanden, den gleichen Bauherrn und teilweise die gleichen Architekten hatten. Offensichtlich dienten die in Zehlendorf-West gemachten Erfahrungen dazu, in Frohnau alles etwas besser, zeitgemäßer und größer zu machen. Schließlich könnte man zum anspruchsvollen Kern des Spiels kommen und unter anderem fragen, was die Struktur der Villenkolonie Zehlendorf-West und ihre Weiterentwicklung in der Gartenstadt Frohnau über die sozialen Verhältnisse am Ende der Wilhelminischen Epoche aussagen.

Verwendete Literatur

1 Sieverts, T. *Zwischenstadt.* (Birkhäuser, 2008).
2 Louis, H. *Die geographische Gliederung von Gross-Berlin.* (Engelhorn, 1936).
3 von der Dollen, B. *Stadtrandphänomene in historisch-geographischer Sicht.* Siedlungsforschung 1, 15-37 (1983).
4 Hartl, J. *Die Grenze der gebauten Stadt zur freien Landschaft.* Technische Universität Berlin, (2006).
5 Lutze, G. *Naturräume und Landschaften in Brandenburg und Berlin.* (Be.bra Verl., 2014).
6 Leyden, F. *Gross-Berlin.* (Hirt, 1933).
7 Fontaine, S. & Seiler, M. *Schloss und Park Glienicke.* (Dt. Kunstverl., 2011).
8 Krosigk, K. v. *Gartenplan Klein-Glienicke.* (Kupijai & Prochnow, 1989).
9 Hahn, P. M. *Geschichte Potsdams.* (Beck, 2003).
10 Behling, K. & Jüttemann, A. *Der Berliner Teufelsberg.* (Berlin Story Verl., 2014).
11 Schütze, E. *Dornröschen im Grunewald.* Berliner Zeitung 2015 (2015).
12 Goos, M. & Heyde, B. Eichkamp. *Eine Siedlung am Rand mitten in Berlin.* (Selbstverlag Siedlerverein Eichkamp, 1999).
13 Donath, M. *Architektur in Berlin 1933-1945.* (Lukas-Verl., 2007).
14 Müller-Reppen, F. *Le Corbusier's Wohneinheit «Typ Berlin".* (Jovis, 2008).
15 Fox-Weber, N. *Le Corbusier: A life.* (Knopf, 2008).
16 Kluchert, U. *Dallgow. Chronik eines Dorfs.* (Filum Rubrum Verlag, 2009).
17 Jost, R. *Die Zitadelle Spandau – Konstruktion und Bauwerk.* (Junius, 2010).
18 Ribbe, W. *Spandau.* (Colloquium-Verl., 1991).
19 Hunziker, C. *Insel Eiswerder. Vom Millionengrab zur Goldgrube.* Tagesspiegel 204 (2014).
20 Stollowsky, C. *Wilde Tiere in Berlin Spandau. Zehn tote Bieber – ein Tunnel wäre die Rettung.* Tagesspiegel 2014 (2014).
21 Wahlich, U. *Die Borsigwerke in Tegel.* (Jaron, 1998).
22 Tode, S., Engel, S. & John, B. *175 Jahre BORSIG.* (Verl. Hanseatischer Merkur, 2012).
23 Franke, T. *Entwicklungspotentiale in Stadtteilen und Stadtteilzentren. 7. Schaffung eines Entwicklungspols: das Beispiel Borsig-Gelände in Berlin-Tegel,* <http://library.fes.de/fulltext/fo-wirtschaft/00951008.htm> (2001).
24 Machule, D. & Seiberling, L. in *Berlin und seine Bauten. Teil IV. Band A.* (eds D.R. Frank & D. Rentschler) (Wilhelm Ernst & Söhne,, 1970).
25 Bodenschatz, H. & Benke, C. in *Berliner Villenleben* (ed Heinz Reif) 237-254 (Gebr. Mann, 2008).
26 Gehl, K. in *Geographische Exkursionen in Berlin* (ed Marlies Schulze) Ch. 8, 99-110 (Geographisches Institut, Humboldt-Universität zu Berlin, 2004).
27 Winters, P. J. *100 Jahre Gartenstadt Frohnau.* (Verlag Sylvia Neumann, 2010).
28 Howard, E. *Garden cities of tomorrow.* (S. Sonnenschein, 1902).
29 Baumann, M. *Eine friedliche Provokation.* Die Zeit 2013 (2013).
30 Göderitz, J., Rainer, R. & Hoffmann, H. *Die gegliederte und aufgelockerte Stadt.* (Enst Wasmuth, 1957).
31 Westphal, C. *Dichte und Schrumpfung.* (Leibnitz-Institut für ökologische Raumentwicklung Dresden, 2008).
32 Peters, G. *Kleine Berliner Baugeschichte.* (Stapp, 1995).
33 Wilde, A. *Das Märkische Viertel.* (Nicolai, 1989).
34 Jacob, B. & Schäche, W. *40 Jahre Märkisches Viertel. Geschichte und Gegenwart einer Großsiedlung.* (Jovis, 2004).
35 Krüger, K.-H. *Menschen im Experiment. Das Märkische Viertel und seine Bewohner.* Der Spiegel 45, 218-233 (1970).

36 Scherer, M.-L. *Brei für alle*. Zeit Online (1969).
37 Spiegel-Autoren. *Slums verschoben*. Der Spiegel 37, 134-138 (1968).
38 Vogelsang, L. *Märkisches Viertel. Ihr Block*. Der Tagesspiegel (2015).
39 Brennberger, I. *Märkisches Viertel. Besser als sein Ruf*. Berliner Zeitung (2015).
40 Böhme, M. *Anregungen für eine Renaturierung des Wuhletals*. http://home. arcor. de/ limnologie/ (2014).
41 Thiele, M. *Eichwerder Moorwiesen*, <http:// www.kalkmoore.de> (2015).
42 Klingenfuß, C., Möller, D., Heller, C., Thrum, T. & Zeutz, J. *Ehemaliger Großer Hermsdorfer See am Tegeler Fließ*, <http://www.berliner-moore.hu-berlin.de> (2015).
43 Böken, H. & Hoffmann, C. *Rieselfelder im Norden Berlins*, <http://www.berliner-rieselfelder.de/start.html> (2001).
44 Koch, K. & Koppisch, S. *100 Jahre Hobrechtsfelde*. 2006 (NABU, Landesverb. Berlin, 2006).
45 Grünspek, K. *Die Integration der kulturgeschichtlichen Archivfunktion in das Gestaltungskonzept der ehemaligen Rieselfelder Berlin Buch (Bachelorarbeit)* (2014).
46 Bielka, H. *Streifzüge durch die Orts- und Medizingeschichte von Berlin-Buch*. (Frieling, 2007).
47 Wolff, H. P. & Kalinich, A. *Zur Geschichte der Krankenhausstadt Berlin-Buch*. (Mabuse-Verl., 2006).
48 Döhl, D. *Ludwig Hoffmann*. (Wasmuth, 2004).
49 Schmuhl, H. W. *Hirnforschung und Krankenmord*. (Max-Planck-Gesellschaft, 2000).
50 Pumb, R. *Ein Ort schweigt*. (coela Verlag, 2012).
51 Friske, M. & Niedrich, H. *Altlandsberg. Glanz und Vergänglichkeit in acht Jahrhunderten*. (Findling, Buch- und Zeitschr.-Verl., 2000).
52 Friske, M. *Die mittelalterlichen Kirchen auf dem Barnim*. (Lukas-Verl., 2001).
53 Liebscher, R. *Wohnen für alle*. (Vergangenheitsverl., 2009).
54 Kaufmann, K. *Die Platte im Wandel. Diplomarbeit*. (2014).
55 Hannemann, C. *Die Platte*. (Schelzky & Jeep, 2000).
56 Enke, R. & Giersch, U. *Plattenbauten in Berlin*. (Bien & Giersch, 2013).
57 Neumann, P. *Wohnumweltqualität und Mobilitätsverhalten in Großwohnsiedlungen*. (1991).
58 Schönfeld, M., Sommerer, A., Goldberg, T. & Sander, T. *Kunst in der Großsiedlung. Kunstwerke im öffentlichen Raum in Marzahn und Hellersdorf*. (Polyprint, 2005).
59 Böhme, M. *Gewässerstruktur von Wuhle, Panke und Tegeler Fließ – Bewertung und Vorschläge zu deren Verbesserung*. (Berlin, 1998).
60 Clemens, H. *Berlin hatte da ein Problem*. (Natur + Text, 2012).
61 Preisler-Holl, L. in *Materialien / Deutsches Institut für Urbanistik* (Berlin, 2002).
62 Baloke, C. *Durch Pflege zerstoert. Die Kasseler Karlsaue vor der Bundesgartenschau*. (Deutscher Werkbund, 1980).
63 Kahl, C. *IGA 2017 und ihre Märchen*, <http:// buergerinitiative-kienberg-wuhletal.de/> (2015).
64 Sprink, C.-D. Köpenick. *Von den Anfängen bis zur Gegenwart*. (Heimatmuseum Köpenick, 2006).
65 Strunk, P. *Die AEG*. (Nicolai, 2002).
66 Gall, L. Walther Rathenau: *Portrait einer Epoche*. (Beck, 2009).
67 Suhr, H. *Der Treuhandskandal: wie Ostdeutschland geschlachtet wurde*. 1. Aufl. edn, (Eichborn, 1991).
68 Luft, C. *Treuhandreport: Werden, Wachsen und Vergehen einer deutschen Behörde*. 1. Aufl. edn, (Aufbau-Verl., 1992).
69 Seibel, W. *Verwaltete Illusionen: die Privatisierung der DDR-Wirtschaft*. (Campus-Verl., 2005).
70 Köhler, O. *Die große Enteignung: wie die Treuhand eine Volkswirtschaft liquidierte*. (Eulenspiegel-Verl., 2011).
71 Neubauer, R. *Das unzähmbare Ungeheuer*. Die Zeit 2014 (2014).
72 Breuel, B. *Treuhand intern: Tagebuch*. Orig.-Ausg., 2. Aufl. edn, (Ullstein, 1993).
73 Fischer, W. *Treuhandanstalt: das Unmög-*

liche wagen; Forschungsberichte. (Akad.-Verl., 1993).
74 Augstein, F. DDR: *Treuhand-Anstalt Ausverkauf der Republik*. Süddeutsche Zeitung (2009).
75 Flug, M. *Treuhand-Poker: die Mechanismen des Ausverkaufs*. 1. Aufl. edn, (Links, 1992).
76 Laabs, D. *Der deutsche Goldrausch: die wahre Geschichte der Treuhand*. ('edel'records, 2012).
77 Plener, U. *Die Treuhand: der Widerstand in Betrieben der DDR – die Gewerkschaften (1990–1994); Tagung vom 2. April 2011 in Berlin ; Beiträge und Dokumente*. (Nora, 2011).
78 Roesler, J. *»Mythos und schwelende Wund«: die Treuhandanstalt*. (Bundeszentrale für politische Bildung, 2012).
79 Kamp, S. in *Handbuch der Brandenburgischen Ortsgeschichte* (ed Peter Bahl) (2005).
80 Bröcker, N., Kress, C. & Oelker, S. *Fritz, Dorf, Stadt – Kolonistendörfer in der Metropolregion*. (Center for Metropolitan Studies der TU Berlin, 2013).
81 Weißpflug, H. *Maulbeerbäume in Berlin*. Berlinische Monatsschrift 1996 (1996).
82 Präkel, H. *Pfälzer Kolonisten «auf dem Buchhorst" und das Seidenbauetablissement in Erkner*. (Heimatverein Erkner, 1999).
83 de Bruyn, G. *Friedrichshagen und seine Dichter*. (1992).
84 Rühle, B. *Der 8. März 1944 – das Ende des alten Erkner*. (Heimatverein Erkner, 2000).
85 Bachstein, P. & Homann, P. *Kalksteintagebau Rüdersdorf*. (Sutton, 2003).
86 Conin, H. *Gelandet in Berlin: zur Geschichte der Berliner Flughäfen*. (Bachem, 1974).
87 Stark, F. *Berliner Flughäfen, die tatsächlich eröffnet wurden*. Die Welt (2013).
88 Schlaack, J. *Flughafen und Airea: Impulsgeber für Stadtregionen*. (DOM Publ., 2015).
89 Stange, K.-P. *Dauerbrenner BER*, <http://www.flughafen-berlin-brandenburg.org/falscher-standort.html> (2016).
90 Delius, M. *Bericht des 1. Untersuchungsausschusses des Abgeordnetenhauses von Berlin zur Aufklärung der Ursachen, Konsequenzen und Verantwortung für die Kosten und Terminüberschreitungen des im Bau befindlichen Flughafens Berlin Brandenburg Willy Brandt (BER)*. (Abgeordnetenhaus Berlin, 2016).
91 Haspel, J. & Jaeggi, A. *Siedlungen der Berliner Moderne*. 3. Edition edn, (Deutscher Kunstverlag, 2012).
92 Jaeggi, A. in *Vier Berliner Siedlungen der Weimarer Republik. Britz.Onkel Toms Hütte. Siemensstadt. Weiße Stadt.* (ed Norbert Huse) 111-136 (Argon Verlag, 1984).
93 Taut, B. *Neue und alte Form im Bebauungsplan*. Wohnungswirtschaft 24, 198 (1926).
94 Bielka, F. & Beck, C. *Heimat Großsiedlung. 50 Jahre Gropiusstadt*. (Nicolaische Verlagsbuchhandlung, 2012).
95 Stimmann, H. in *Heimat Großsiedlung. 50 Jahre Gropiusstadt*. (eds Frank Bielka & Christoph Beck) 17-21 (Nicolaische Verlagsbuchhandlung, 2012).
96 Bodenschatz, H. *Städtebau in Berlin. Schreckbild und Vorbild für Europa*. (DOM Publishers, Berlin, 2010).
97 Kühn, M. *Berlin und Potsdam – eine Kulturlandschaft*. 35 (Leibniz-Institut für Regionalentwicklung und Strukturplanung, 2011).
98 Schröder, H. & Ellerbrock, W. *Schlachtensee. Band 3: Häuser und Bewohner der Villenkolonien*. (2012).
99 Tkalec, M. Innovation, Empathie, Solidität. Berliner Zeitung 2016 (2016).
100 Simon, C. *Zehlendorf. Zwischen Idylle und Metropole*. (Be.Bra Verlag, 2013).
101 Wünsch, F. R. *Berlin-Zehlendorf*. 127 (Sutton, 2001).
102 Muthesius, H. *Landhäuser*. 216 (Gebr. Mann, 2001).
103 Hagemann, F. *Der Untersuchungsausschuss Freiheitlicher Juristen 1949–1969*, (1994).
104 Spiegel-Autoren. *Freiheitliche Juristen. Umgang mit Unrecht*. Der Spiegel 1958, 2 (1958).
105 Epstein, W. *Landhaus Epstein in Zehlendorf-West*. Die Kunst 10, 10 (1909).
106 Schelling, R. *Ein Haus mit viel(en) Geschichte(n)*, <http://www.hdjzehlendorf.de> (1992).
107 Huse, N. *Vier Berliner Siedlungen der Weimarer Republik: Britz, Onkel Toms Hütte,*

Siemensstadt, Weisse Stadt; eine Ausstellung vom 24.10.1984–7.1.1985 im Bauhaus-Archiv, Museum für Gestaltung. 2., durchges. und erw. Ausg. edn, (Argon-Verl., 1987).

108 Bilang, K. et al. *Zehlendorf.* 2. Aufl. edn, (Nicolaische Verlagsbuchhandlung, 1993).

109 Mielke, H. J. *Historischer Atlas Berlin-Zehlendorf.* (D. Reimer, 1992).

110 Käbelmann, G. *Kleinmachnower Chronik.* (Heimatverein Kleinmachnow, 2013).

111 Lange, H. *Spaziergänge in Kleinmachnow.* 1. Aufl. edn, (Haude & Spener, 1995).

112 Mehlhardt, D. *Kleinmachnow: Geschichte und Entwicklung des Ortes; eine kleine Heimatkunde.* (Dr. Fortschritt, 1954).

113 Holtz, W. & Koischwitz, G. *Der Teltow: südlich von Berlin.* 1. Aufl. edn, (Stapp, 1994).

114 Hahn, P. & Stich, J. *Teltowkanal: 80 Stationen & Geschichten.* 1. Aufl. edn, (Oase Verl., 2014).

115 Faensen, H. & Seidel, L. *Hightech für Hitler: die Hakeburg – vom Forschungszentrum zur Kaderschmiede.* 1. Aufl. edn, (Links, 2001).

116 Bröcker, N. *Kleinmachnow bei Berlin: wohnen zwischen Stadt und Land 1920–1945.* (Gebr. Mann, 2010).

117 Bröcker, N. & Kress, C. *Südwestlich siedeln: Kleinmachnow bei Berlin – von der Villenkolonie zur Bürgerhaussiedlung.* Erstausg., 1. Aufl. edn, (Lukas-Verlag, 2004).

118 Benz, W. & Distel, B. *Der Ort des Terrors: Geschichte der nationalsozialistischen Konzentrationslager.* Vol. 3 (Verlag C. H. Beck).

119 Martin, A. *»Ich sah den Namen Bosch«: polnische Frauen als KZ-Häftlinge in der Dreilinden-Maschinenbau-GmbH.* (Metropol-Verl., 2002).

120 Kretzschmar, H. *Paradies der Begegnungen: der Künstlerort Kleinmachnow.* (Faber & Faber, 2008).

121 Kretzschmar, H. *Treff der Originale: Prominent in und um Kleinmachnow.* 1. Auflage edn, (Verlag für Berlin-Brandenburg, 2016).

122 Kleinmachnow, H. *Bewahrenswertes Kleinmachnow.* Vol. 3 (2013).

123 Gottschalk, W. *Der Südwestfriedhof Stahnsdorf: ein Zentralfriedhof des Berliner Stadtsynodalverbandes.* 2., verb. Aufl. edn, (Nishen, 1991).

124 Hahn, P. *Südwestkirchhof Stahnsdorf.* (Oase Verl., 2003).

125 Mielke, G. *100 Jahre Südwestkirchhof: 1909–2009; eine Dokumentation zur Ausstellung.* 1. Aufl. edn, (Mein Verl., 2009).

126 Fischer, C. *Frühlicht in Beton : Das Erbbegräbnis Wissinger von Max Taut und Otto Freundlich in Stahnsdorf* (Mann, Berlin, 1989).

127 Trimborn, J. *Arno Breker: der Künstler und die Macht; die Biographie.* 1. Aufl. edn, (Aufbau-Verlag, 2011).

128 Hürlimann, M. & Giersberg, H.-J. *Die königliche Residenzstadt: Potsdam und Sanssouci.* (Argon-Verl., 1990).

129 Borgelt, C. *Potsdam. Der Weg zur neuen Mitte.* (Nicolai, 2012).

130 Klusemann, C. *Das andere Potsdam.* (Vergangenheitsverlag, 2016).

131 Korn, T., Tessin, G., Hajdu, H. & Ollroge, K. *Und der Zukunft zugewandt. Potsdam und der gebaute Sozialismus.* (Metropolar Potsdam, 2011).

132 Klusemann, C. *Potsdamer Stadtentwicklung. Platte, Plan & Preußen.* Potsdamer Neueste Nachrichten (PNN) (2012).

133 Sabrow, M. *Umgang mit DDR-Architektur in Potsdam. Verschwindende Brüche.* Potsdamer Neueste Nachrichten (PNN) (2012).

Über den Autor

Reiner A. W. Peters, geboren 1943 in Berlin-Buch, wuchs in Berlin-Charlottenburg auf, studierte Medizin und Physik in Berlin, Marburg und Tübingen und verbrachte zwei Jahre als Postdoc an der Universität von Kalifornien in San Francisco. Anschließend war er Heisenbergstipendiat am Max-Planck-Institut für Biophysik in Frankfurt, Professor für Medizinische Physik an der Universität Münster und Gastprofessor an der Rockefeller University in New York City. In all dieser Zeit lag seine Tätigkeit auf den Gebieten der Zellbiologie, quantitativen Mikroskopie und Nanotechnologie. In New York hingegen ergriff ihn eine neue Passion, das Durchstreifen von Metropolen und ihren Randgebieten mit Fahrrad und Kamera. 2012, nach der Rückkehr nach Berlin, hatte er den Wunsch, seine Heimatstadt endlich im Einzelnen und Ganzen kennenzulernen und fand dabei im Rand von Berlin ein unerschöpfliches Objekt für Fahrrad-Kamera-Explorationen.